JN085577

会社別就活ハンドブックシリーズ

2025

三菱重工業の
就活ハンドブック

就職活動研究会 編
JOB HUNTING BOOK

は じ め に

　2021年春の採用から，1953年以来続いてきた，経団連（日本経済団体連合会）の加盟企業を中心にした「就活に関するさまざまな規定事項」の規定が，事実上廃止されました。それまで卒業・修了年度に入る直前の3月以降になり，面接などの選考は6月であったものが，学生と企業の双方が活動を本格化させる時期が大幅にはやまることになりました。この動きは2022年春そして2023年春へと続いております。

　また新型コロナウイルス感染者の増加を受け，新卒採用の活動に対してオンラインによる説明会や選考を導入した企業が急速に増加しました。採用環境が大きく変化したことにより，どのような場面でも対応できる柔軟性，また非接触による仕事の増加により，傾聴力というものが新たに求められるようになりました。

　『会社別就職ハンドブックシリーズ』は，いわゆる「就活生向け人気企業ランキング」を中心に，当社が独自にセレクトした上場している一流・優良企業の就活対策本です。面接で聞かれた質問にはじまり，業界の最新情報，さらには上場企業の株主向け公開情報である有価証券報告書の分析など，企業の多角的な判断・研究材料をふんだんに盛り込みました。加えて，地方の優良といわれている企業もラインナップしています。

　思い込みや憧れだけをもってやみくもに受けるのではなく，必要な情報を収集し，冷静に対象企業を分析し，エントリーシート作成やそれに続く面接試験に臨んでいただければと思います。本書が，その一助となれば幸いです。

　この本を手に取られた方が，志望企業の内定を得て，輝かしい社会人生活のスタートを切っていただけるよう，心より祈念いたします。

就職活動研究会

Contents

第1章

三菱重工業の会社概況

会社によって選考方法は千差万別。面接で問われる内容や採用スケジュールもバラバラだ。採用試験ひとつとってみても，その会社の社風が表れていると言っていいだろう。ここでは募集要項や面接内容について過去の事例を収録している。

また，志望する会社を数字の面からも多角的に研究することを心がけたい。

✔ トップメッセージ

■プラントシステムをつくるスケールの大きい仕事に憧れて

　私自身の経験を振り返ると、就職活動とは自分が純粋にどんなものに魅力を感じることができるのかを知る場ではないかと思います。私は、学生時代に固体物性を専攻していましたが、正直勉強はそこそこで、部活動に明け暮れた生活を送っていました。就職活動に際しても、専門を活かすことにこだわったわけではなく、純粋に、重厚なプラントシステムをつくる仕事に憧れていました。そのスケールの大きさに、仕事としての魅力を感じていたのを覚えています。

　三菱重工へ入社したのは1981年。私は、三菱重工グループのどの製品にも共通利用できる要素研究に関する事務局に所属し、研究テーマやその技術が生み出すリターンの取りまとめなどに従事しました。1985年からの神戸造船所時代には、「きぼう」の開発や、打上げに関わる運用、搭乗員の訓練などのプロジェクトに参加し、私はそのなかで宇宙試験の利用運用計画の立案を担当しました。

　その後は本社の技術企画部に移り、入社当初に担当した業務に加え、製品のシーズ探索や研究所での成果を事業に繋げる活動などに従事。今、こうして自分のキャリアを振り返ると、私は全社的な技術要素を把握しつつ、それをどう事業に生かすかを考えながら、一つひとつ経験を積み重ねてきたように思います。

■人と技術こそが三菱重工グループの強み

　こうしたキャリアを通して強く感じるのは、幅広い技術と人こそが三菱重工グループの強みだということです。課題に対してグループのどこかに答えや事例がある。加えて、ハードウェアに関わる先駆的存在であり続けていることも当グループの特徴と言えるでしょう。お客さまのニーズに応えるため、私たちは常に技術を磨き、あらゆる製品を開発してきました。人材と技術の厚みを基盤に、お客様や社会が求めるモノにチャレンジし、まだ見ぬ新しいものを生み出していく。それは、三菱重工グループに刻まれたDNAともいえるもので、今後も変わることはありません。

■ハードウェアの提供にとどまらず、もう一歩踏み込んだ、価値創造を

　私が考えるこれからの三菱重工グループのミッションは、社会が抱える課題に対して、グループが持つ技術やリソース、ネットワークを駆使してソリューションを提供することだと思っています。重要になるのは、ハードウェアの提供にとどまらず、そこにどのような付加価値をつけることができるか。そのためには、アフターサービスやメンテナンスといった範囲にも対応し、ビジネスの幅を広げていかなくてはいけません。

　たとえば、現在三菱重工では、ロケットを製造するだけでなく、何月何日、何時何分何秒に打ち上げるという打上げサービスまでを請け負います。ロケットそのものに価値がないとは言いませんが、私たちが提供すべき価値とは、必要な時間、必要な軌道に衛星を乗せることです。今後は、ハードウェアだけではなく、社会やお客様の課題、困りごとを解決するソリューションを提供することが主流になっていくでしょう。

■自ら課題を見つけ出し、それを楽しめる人材が求められている

　言うまでもなく、こうしたソリューションを提供するためには、多くの個性に溢れた人材が必要です。従来から三菱重工グループは真摯にものごとに取り組む人材を高く評価してきました。時代の求めるニーズが変わっても、求める人材の基本的要件が変わるわけではありません。この基本要件に加え、今後は社会の課題、お客さまの困りごとに対して、自ら問題を探し出せる人、そこにおもしろさを見出せる人を歓迎したい。

　例えばA地点に行く方法を考えるときにも、時間を優先するのか、費用を重視するのか、移動中の快適さに価値を見出すのかで答えも、解答に至る数式も異なります。ひとつの問いにひとつの答えしかない受験勉強とは違い、社会に出ると課題や答えはいくつもあり、何を優先するのか、何を課題とするのかで最適解は大きく変わるのです。

　与えられた課題をただ解くのではなく、自分で課題そのものを見つけ出す。そして課題がはっきりしていないことを不安がるのではなく、そんな状況にむしろワクワクする。そうしたことができる人材がこれからのビジネスには必要だと私は考えています。

　三菱重工グループでは求める人物像として「Active」「Balanced」「Creative」を掲げています。まさにこうした資質を持つ人こそ、自ら課題を見つけ出すことに面白さを感じられる人材だと私は考えています。ぜひ三菱重工グループでその資質を開花させてください
。

取締役社長 CEO　泉澤 清次

✔ 会社データ

創立年月日	1884年（明治17年）7月7日
設立年月日	1950年（昭和25年）1月11日
本社所在地	＜丸の内＞ 〒100-8332　東京都千代田区丸の内三丁目2番3号 （本店登記上の住所） 電話　03-6275-6200（代表） ＜横浜＞ 〒220-8401　神奈川県横浜市西区みなとみらい三丁目3番1号
取締役社長CEO	泉澤　清次（いずみさわ　せいじ）
資本金	2,656億円（2023年3月31日現在）
発行済株式総数	337,364,781株（2023年3月31日現在）
社員数	連結：77,283名（2023年3月31日時点） 単独：21,634人（2023年3月31日現在）
三菱重工グループ会社数（連結）	254社（国内：67社　海外：187社） （2023年3月31日時点）
受注高 （連結/IFRS）	45,013億円（2022年4月1日〜2023年3月31日）
売上収益 （連結/IFRS）	42,027億円（2022年4月1日〜2023年3月31日）
受注高（単独/日本会計基準）	15,579億円（2022年4月1日〜2023年3月31日）
売上高（単独/日本会計基準）	15,494億円（2022年4月1日〜2023年3月31日）
事業内容	エナジー、プラント・インフラ、物流・冷熱・ドライブシステム、航空・防衛・宇宙

✔ 仕事内容

技術系

研究開発

専門的な知識と三菱重工グループの技術力を活かして、新技術・新機種開発の立案から具体的な推進、フォローまで行います。

設計

概念的な設計を行う基本設計、実際のものづくりに直結する詳細設計、全体を把握・コントロールするプロジェクト設計を行います。

生産技術・管理

生産戦略の立案、機械・機器の導入、工程管理に加え、製造工程に必要な加工技術や生産システムの研究・開発などを行います。

現地建設

海外を含む現地で、各機器や設備を建設する場面で、工事計画の立案から行程管理・安全管理まで、技術向上に関する仕事を行います。

品質保証

設計、製造段階での品質管理をチェックし、製品クレームをなくしたり、さらなる品質向上に向けた活動や検査業務なども行います。

システム開発

最先端ＩＣＴ技術を駆使し、製品・製造の知能化・高機能化を実現するとともに、情報セキュリティの強化、IT インフラ整備などを行います。

知的財産

三菱重工グループの製品について特許・意匠・商標の権利取得や官辺手続き、他社との交渉・訴訟などの渉外業務を担当します。

事務系

営業

提案・受注活動からアフターサービスまで、三菱重工グループの技術をビジネスに結び付け、プロジェクト全体のとりまとめを行います。

資材調達

プロジェクトに必要で最適な材料・部品を、予算内の価格で、必要なタイミングに合わせて調達します。新たな調達先の開拓も担当します。

経理・財務

プロジェクトのコスト管理および損益予想など、会計や税務などの専門知識をもとにプロジェクトを支えます。

法務

お客様との契約交渉・リスク管理・紛争解決訴訟の解決など、法的側面からプロジェクトの成功をサポートします。

人事・労政

人事制度の策定・運営や社員の採用・教育、労働組合との協議など、「人」に関する業務を行い、安心して働ける環境づくりを支援します。

総務

事業所・工場などにおける資産や社規則・文書など、全体の事務処理や管理を行うほか、環境・エネルギー保全も担当します。

✔ 先輩社員の声

世界中でプラントをつくり，
人々の生活を豊かにしていきたい。

**【本社　エンジニアリング本部　エンジニアリング総括部　土建エンジニアリング部
化学プラント土木建築グループ】**
学生の夢物語にもしっかり付き合ってくれた会社

　学生時代はバックパッカーに憧れ，アジア，南米，アフリカなどを一人で回っていました。そのとき，多くの現地の人々に助けられ，このような貧しい国のために，自分に何ができるのだろう，と考えたのです。最初は海外支援などを行っているNGOで働くことも考えましたが，やはり自分の学んできたことを活かし，なおかつ世界に貢献できる仕事がしたいと思うようになり，選んだのが三菱重工でした。

　ちなみに就活の面接中にそういう話をしたところ，ちゃんと聞いてくれたのは三菱重工だけでした。そんな学生の夢物語にもしっかり付き合ってくれた三菱重工は，ほんとにいい会社だなあと思いました。

　入社後は一貫してプラントの土木・建築設計の仕事に就いています。建設地はほとんどが海外で，私はこれまで主にポーランド，マレーシアとシンガポールの案件を担当しました。ポーランドの案件では設計者として現地に約1年滞在し，マレーシアのときは日本国内で設計に約2年携わりました。現在担当しているシンガポールのプロジェクトは主担当としてサブコン（現地工事業者）の調整までするので，これまでも何度か打ち合わせに行っただけでなく，工事が始まれば現地に駐在することになっています。

入社後は建築も勉強して土建の二刀流に

　大学では土木工学専攻だったのですが，三菱重工では化学プラント内にある，建築物も含めた土建設計を担当するので，建築については入社後に勉強を始めました。仕事をしながら時間をつくって試験の準備をする毎日は大変だったものの，それでも3年かかって一級建築士の資格が取れたときは本当にうれしかったですね。そして，いろいろな面で応援してくれたり，助けてくれた上司や先輩，同僚たちには感謝しています。

　今，自分自身で課題としているのは，仕事の品質を高めていくことです。国際市場でプラントビジネスを展開していくにはコスト競争力が大事ですが，同時に品質による差別化も重要になります。多くの工業製品を見れば分かるように日本製のものは品質が高いです。これは技術力だけでなく，つくっている人たちの努力の表れだと思うのです。だから，私たちの製品であるプラントも，どこでジャパン・クオリティを発揮していけばいいのか，常に考えながら仕事をしていく必要があるのではないでしょうか。

✔ 募集要項

応募資格	【2024年新卒採用（国内大生）】 1.2024年3月に大学卒業もしくは大学院修了見込みの方 2.既に卒業された方および職務経験をお持ちの方（卒業年月は問いません）で新卒予定者と同等の枠組みでの採用を希望される方 3.当社から学校推薦の依頼をしている大学・学部・学科の学生の方は、推薦状の提出が必要です。ただし、応募時点では推薦状の提出は必要ありませんので、マッチング成立後に提出してください。学校推薦の対象となるかどうか、および対象の場合の学校推薦の進め方については、就職担当教授に確認をしてください。 【2024年新卒採用（海外大生）】 1.原則として2024年9月末までに大学卒業もしくは大学院修了見込みの方 2.既に卒業された方および職務経験をお持ちの方（卒業年月は問いません）で新卒予定者と同等の枠組みでの採用を希望される方 ※入社時期については、卒業年月により相談の上調整致します。 (注) 高等学校、短期大学、専門学校、高等専門学校を卒業見込の方の採用は、学校推薦制で行っているため、ウェブサイトでの応募受付は行っておりません。
給与	修士了　月給 241,000円 大学卒　月給 216,500円　　（2022年4月初任給）
諸手当	有扶手当，超過勤務手当，通勤交通費支給など
昇給	年1回（4月）
賞与	年2回（6月，12月）
勤務地	本社（丸の内、横浜） 工場（日立、横浜、相模原、小牧、名古屋、清須、神戸、高砂、三原、呉、広島、下関、長崎）

勤務時間	所定労働時間8時間（フレックスタイム制あり） 本社労働時間帯　8時30分〜17時30分（勤務地によって異なる）
休日・休暇	完全週休2日制（土曜日・日曜日） 祝日、年末年始、夏季休暇、年次有給休暇（22日）、リフレッシュ休暇、結婚休暇、出産休暇、忌引休暇、ショートバケーション休暇など
保険	雇用保険、労災保険、健康保険、厚生年金保険
福利厚生	財形貯蓄、育児・介護休業制度、確定拠出年金制度など
施設	寮、社宅、総合病院、診療所、保養所、体育館、総合グラウンドなど
受動喫煙対策	屋内禁煙（一部喫煙専用室あり）

✔ 採用の流れ (出典：東洋経済新報社『就職四季報』)

エントリーの時期	【総・技】3月〜6月
採用プロセス	【総】ES提出・SPI（3月〜）→面接（3回）→内々定（6月〜） 【技】ES提出・SPI（3月〜）→マッチング面談（2回）→書類審査→内々定（6月〜）
採用実績数	（下記表参照）
採用実績校	（下記参照）

採用実績数

	大卒男	大卒女	修士男	修士女
2022年	43 （文：35 理：8）	17 （文：11 理：6）	155 （文：1 理：154）	13 （文：1 理：12）
2023年	49 （文：36 理：13）	13 （文：12 理：1）	179 （文：0 理：179）	13 （文：1 理：12）

※2024年：大卒事務系80名，大卒技術職275名，高専25名採用予定

採用実績校

【文系】
早稲田大学，慶應義塾大学，同志社大学，京都大学，上智大学，大阪大学，滋賀大学，神戸大学，東京大学，一橋大学，横浜国立大学，北海道大学，東京外国語大学，名古屋大学，お茶の水女子大学，岡山大学，国際教養大学　他

【理系】
北海道大学，東北大学，東京大学，東京工業大学，東京理科大学，早稲田大学，慶應義塾大学，横浜国立大学，名古屋大学，名古屋工業大学，京都大学，大阪大学，神戸大学，立命館大学，同志社大学，九州大学　他

✔2023年の重要ニュース (出典：日本経済新聞)

■三菱重工、H2Aロケット打ち上げ成功　情報収集衛星搭載 (1/26)

　三菱重工業は26日午前、国産の基幹ロケット「H2A」の46号機の打ち上げに成功した。内閣衛星情報センターの情報収集衛星レーダ7号機を搭載したロケットは、所定の軌道まで上昇し、ロケットから衛星の分離が確認された。今回の成功によって日の丸ロケットの競争力である信頼性をアピールする。

　ロケットは種子島宇宙センター（鹿児島県南種子町）で打ち上げた。H2Aは打ち上げの成功率や、定刻で発射できる「オンタイム率」が世界最高水準を誇る。今回の成功で成功率は97.8%、オンタイム率は82.6%となった。同日開いた記者会見で、三菱重工の阿部直彦常務執行役員防衛・宇宙セグメント長は「2月には『H3』初号機の打ち上げが予定される。最大限の努力をしたい」と語った。

　2022年10月には固体燃料ロケット「イプシロン」の打ち上げが失敗している。日本のロケット技術の高い信頼性を維持するためにも打ち上げの結果に注目が集まっていた。46号機は当初25日に打ち上げ予定だったが、発射場の天候悪化を理由に1日延期していた。

　01年に初号機を打ち上げたH2Aは今後、50号機で終了する計画となっている。H2Aのライバルとなる性能を持つ世界のロケットには、米国の「デルタ4」や「アトラス5」、欧州の「アリアン5」などが並ぶ。米起業家イーロン・マスク氏率いる米スペースXは「ファルコン9」を週に1度の頻度で打ち上げており、機体の一部を再利用するなど低コスト化も図る。

　宇宙航空研究開発機構（JAXA）は次世代機となる「H3」を2月に初めて打ち上げる予定だ。H3はH2Aよりも重量の大きい衛星を運べるようになる。打ち上げの価格も半額程度に抑える。これまで衛星などの注文を受けてから打ち上げまで2年程度かかっていたが1年程度に短縮する。

■三菱重工、国産ジェット旅客機撤退を発表 (2/7)

　三菱重工業は7日、国産ジェット旅客機の事業で開発を中止すると発表した。事実上の撤退となる。2020年秋に「三菱スペースジェット（MSJ）」の開発を事実上凍結していた。日の丸ジェットの実現に累計で1兆円の開発費を投じたが、納期を6度延期するなど空回りが続いた。新たに巨額資金を投じても事業の採算性を確保するのが難しいと判断した。

　同日、記者会見を開いた泉沢清次社長は「事業性などを検討してきたが開発を

再開するに足る事業性を見いだせなかった」と話した。

　MSJは08年に事業化が決定した。当初は「三菱リージョナルジェット（MRJ）」の名称で90席クラスの機体として開発が始まった。民間企業の主導で日本の航空機産業の育成を目指す一大プロジェクトだった。1962年に初飛行した「YS-11」以来になる国産旅客機の開発だった。日本の航空機産業を育成する官民肝煎りのプロジェクトとして経済産業省も500億円を支援していた。

　2013年にも最初の顧客である全日本空輸への納入を予定していた。技術力の不足などでトラブルが相次ぎ6度も開発期限の延期を余儀なくされた。当初1500億円としていた開発費は1兆円規模に膨らんだ。20年秋、開発を事実上凍結した。その後も商業運航に必要な型式証明（TC）取得に向けた作業を続けてきたが、22年3月には試験飛行をしていた米国ワシントン州の拠点を閉鎖するなど縮小を進めていた。

■三菱重工と日本触媒、アンモニア分解の仕組みを共同開発（8/21）

　三菱重工業と日本触媒は21日、大量のアンモニアを分解して水素を取り出す仕組みを共同開発すると発表した。アンモニアの状態で船で運搬し、工場に近い港湾などで窒素と水素に分解することを想定する。水素は化石燃料に代わるエネルギーとして期待されており、大量の水素を製造する仕組みが必要なため開発を急ぐ。

　両社は7月に共同開発の契約を結んだ。三菱重工はアンモニアの製造プラントなど、国内外で化学プラントを納入してきた。日本触媒は工場の排ガスに含まれる有毒な物質を分解する触媒に強みを持つ。

　三菱重工は2020年代後半にアンモニアを分解する技術の商用化を目指している。両社の知見を生かすことで、効率よく大量のアンモニアを分解し水素を製造する仕組みが構築できると判断した。触媒の知見を生かしてアンモニアを高効率で分解すれば、発電用途などで使える水素の製造につながるとみる。

　アンモニアは燃やしても二酸化炭素（CO_2）が発生しない。水素に比べて液化する温度が高く、水素そのものを運ぶのに比べて安全かつ大量に長距離輸送することが可能とされる。工場などのエネルギー源として活用するには大量の水素が必要となる。水素のさらなる活用に向けて運搬から製造までのプロセスの構築が求められている。

✔2022年の重要ニュース（出典：日本経済新聞）

■三菱重工、原発を十数分で出力制御　再生エネ補う（1/14）

　三菱重工業は発電出力を機動的に十数分で変えられる原子炉を実用化する。天候で発電量が不安定な再生可能エネルギーの弱点を補う電源としても使えるようにするためで、電力会社と初期設計の協議を始めた。従来の原発は、出力変更に1時間かかり再生エネの補助電源として使いにくかった。脱炭素に欠かせない再生エネの安定的な活用に向けた技術開発が活発になってきた。

　太陽光や風力などの再生エネは環境負荷が低いものの、天候などで発電量が大きく変動する。電力は需給が一致しないと停電するリスクがあり、再生エネによる発電量が減った場合、火力や原発の出力を増やして対応する必要性がある。火力は出力を半減させるのに10分程度で済むが脱炭素の観点から使いにくい。既存の原子炉も頻繁な出力変更を想定しておらず、出力を半分に落としたり、元に戻したりするには約1時間かかり使い勝手が悪い。

　新たな原子炉は出力60万〜120万キロワットの中型を想定する。核反応を調整する制御棒の駆動方式を改良するなどして、出力を半分に落としたり、元に戻したりする時間を17分と従来の4分の1程度に短くする。より小幅な調整はさらに時間を短くできる。各国で開発が進む同30万キロワット以下の小型より大きく、既存の原発からの置き換えを視野に入れる。30年代半ばの実用化を目指す。

　発電コストは現在と同程度をめざす。20年時点では安全対策費や燃料の再処理コストも含め1キロワット時あたり10.2円だった。建設費も既存の原発（120万キロワット級で1基6000億円程度）と同等にする。安全面では格納容器を二重構造にするなどして、容器の破損が起こるリスクを従来の10分の1に下げるという。三菱重工は小型原発も40年代に実用化する見通しで、小型と中型を柔軟に提供できる体制を整える。

　中型炉は一般的にどの国・地域でも安定して発電する「ベースロード電源」として使う。現在は出力を何度も上げ下げするのを想定していないが、三菱重工は設計変更などで次世代の中型炉を開発し、従来の使い方に加え、再生エネの調整弁としても活用できるようにする。海外勢では新興原発メーカーの米ニュースケール・パワーが再生エネの調整弁として小型モジュール炉（SMR）を29年ごろから順次動かす計画だ。

■三菱重工、小型CO2回収装置が稼働　1年前倒し商用化 (6/30)

　三菱重工業は30日、同社が開発した小型の二酸化炭素（CO2）回収装置が稼働を始めたと発表した。1日に回収するCO2の量が100トン未満の小規模な回収装置はまだ珍しい。ゴミ処理場や工場など小規模な施設単位でも回収の需要は広がっており、当初2023年に予定していた商用化が1年前倒しとなった。

　プラント建設・保守を手がける太平電業（東京・千代田）のバイオマス発電所で、回収能力が1日300キログラムの初号機がこのほど稼働を始めた。21年11月に受注していた。設置面積は幅5メートル、奥行き2メートル。発電所の排ガスから回収されたCO2は構内の農業ハウスに活用するという。

　三菱重工は、脱炭素への機運の高まりで今後は小型装置の継続的な販売が見込めるとみている。受注後に一から建設する大型装置に対し、小型装置では一定の段階まで工場内であらかじめ組み立てトラックで出荷する体制に切り替えていた。

■三菱重工、電力4社と新型原子炉　30年代実用化めざす (9/29)

　三菱重工業は、安全性を高めた新型原子炉を関西電力など電力会社4社と共同開発する。政府が原子力発電所の新増設・建て替えを想定しない東日本大震災以降の方針を転換して次世代型原発の開発・建設を検討するなか、「革新軽水炉」と呼ばれる新型原子炉の2030年代半ばの実用化を目指す。政府の方針転換を踏まえ、産業界でも具体化に向けた動きが出始めた。

　三菱重工業は関西電力と北海道電力、四国電力、九州電力の4社と共同開発する。関西電力は29日に「これまでも安全性や経済性を向上させた次世代軽水炉の設計を検討しており、三菱重工業と協力している」とコメントした。

　電力4社が採用している三菱重工の加圧水型軽水炉（PWR）をベースにした新型原子炉の実用化を目指す。出力60万〜120万キロワットの規模を想定する。核反応を調整する制御棒の駆動方式を改良するなどして、出力を半分に落としたり、元に戻したりする時間を17分と従来の4分の1程度に短くする。

　地震などの自然災害や大型航空機の衝突などのテロに対して高い安全性を担保する。地下式構造として被害を受けにくくしつつ、格納容器の外壁を強靱化し破損確率を既存の原子炉の100分の1未満に低減する。

　炉心溶融が起きた場合でも、溶け出した核燃料が外部に漏れないよう原子炉容器の下に備えた「コアキャッチャー」でため、放射性物質を原子炉建屋内に封じ込められるようにする。炉心冷却のための電源も充実させ事故が起きても影響を発電所敷地内にとどめることができるという。

✔2021年の重要ニュース (出典：日本経済新聞)

■三菱重工、独で水素製造を検討　再生エネ活用（1/22）

　三菱重工業は22日、電力大手バッテンファル（スウェーデン）や英蘭ロイヤル・ダッチ・シェル、ハンブルク熱供給公社（ドイツ）と組み、水素の製造や供給の事業化を検討すると発表した。風力など再生可能エネルギー由来の電気を使う100メガワット級の水電解プラントを建設し、2025年ごろの稼働を予定する。

　プラントはハンブルク港近くにある閉鎖予定の石炭火力発電所の跡地に建てる。プロジェクトの総費用は数百億円規模。寄港する船舶の燃料需要などを見込む。再生エネ由来の電気をつくる水素は生成過程で二酸化炭素を排出せず、「グリーン水素」とよばれる。

■三菱重工、風力発電設備の国内販売会社を稼働（2/1）

　三菱重工業は1日、風力発電機の世界最大手ヴェスタス（デンマーク）との新しい合弁会社の営業を同日始めたと発表した。三菱重工が70パーセント、ヴェスタスが30パーセントを出資し、日本やアジアに設置する洋上・陸上風力発電設備の販売を担う。これまでヴェスタスとはデンマークに製造販売を手掛ける折半出資会社を設けていた。今後は日本やアジアの販売に特化する体制にシフトする。

　営業を始めたのは「MHIベスタスジャパン」（東京・千代田）。資本金は非開示で、従業員は数十人規模。日本に設置する風力発電設備を独占販売し、アジア地域の設置案件は日系企業が参画する場合に販売する。風車選定の際の技術営業なども担う。ヴェスタスの日本法人が設備の納入や保守を担う。

　世界の風力発電市場は今後10年間で倍増する見通しで、アジアがその半数を占める見込み。三菱重工業はヴェスタスと折半で洋上風車の製造販売会社に出資していたが、販売に重点を置く形にスキームを見直し、2020年12月に株式を売却している。

■三菱重工、世界最大のCO2回収設備に技術供与（6/10）

　三菱重工業は10日、世界最大のバイオマス発電所をもつ英電力会社のドラックス・グループに二酸化炭素（CO2）回収設備の技術を供与すると発表した。受注額は明らかにしていないが年間800万トン以上を回収する世界最大の設備と

なる。

　三菱重工傘下で、CO2 回収設備のシェア 7 割をもつ三菱重工エンジニアリング（横浜市）の技術を使い、ドラックスの英国にあるバイオマス発電所で 2020 年 9 月から実証実験を進めてきた。関西電力と開発した劣化の少ない吸収液などを使って 1 日約 300 キログラムの CO2 を回収し、バイオマス燃料排ガスへの適用性などを確認した。

　バイオマス発電所は CO2 を吸収して育つ植物を燃料とするためもともと CO2 の排出はないが、回収設備で既存の CO2 まで減らせる商用段階の事例は世界初という。

　英国政府は 35 年までに国内の CO2 排出量を 1990 年比 78% 削減する目標を掲げている。ドラックスは CO2 を増やさないカーボンニュートラルではなく、排出量以上に減らす「カーボンネガティブ」が目標達成につながるとみて発注を決めた。24 年中に発電所内で回収設備を建設し、稼働は早ければ 27 年の予定だ。

■ H2A 打ち上げ　準天頂衛星「みちびき」搭載（10/26）

　三菱重工業は 26 日、国産基幹ロケット「H2A」44 号機の打ち上げに成功したと発表した。2010 年に打ち上げた準天頂衛星「みちびき」初号機の後継機を打ち上げた。日本独自の位置情報サービスの精度向上につなげる。

　ロケットは午前 11 時 19 分、種子島宇宙センター（鹿児島県南種子町）から打ち上がった。11 時 47 分には所定の軌道まで上昇し、ロケットから初号機の後継機の分離を確認した。

　H2A は国際水準を上回る打ち上げ成功率や、定刻で発射できる世界最高水準のオンタイム率が強み。44 号機の打ち上げ成功で、成功率は 97・7% となり、オンタイム率は 80% を超えた。

　みちびきによる位置情報サービスは「日本版 GPS（全地球測位システム）」とよばれる。米国発祥の GPS の精度を補うものとして、内閣府が運用をめざす。縦・横・高さ・時刻と 4 つの情報を、それぞれの衛星の信号から受信する。

　みちびきは現在、宇宙空間に 4 機ある。内閣府は 23 年度までに 7 機に増やして精度向上を図る。地震や津波などの気象情報を、リアルタイムで正確に把握できるようになる。災害時にネットが使えなくても、専用の受信端末を避難所に持っていれば衛星と直接通信し、安否情報を収集配信できるようになるという。

✔ 就活生情報

面接では自分を偽らず，明るくハキハキと受け答えしましょう。アピールポイントは人に聞いた方がよくわかることが多いです

技術系総合職 2021卒

エントリーシート
・形式：採用ホームページから記入
・内容：志望する部門とその理由，自己PR，研究概要

セミナー
・選考とは無関係
・服装：リクルートスーツ
・内容：企業概要，各職種の説明，エンジニアとの座談会

筆記試験
・形式：Webテスト
・科目：数学，算数/国語，漢字/性格テスト

面接（個人・集団）
・雰囲気：和やか
・回数：2回
・質問内容：自己PR，志望理由，学生時代に取り組んだこと，時事問題，志望度の確認

内定
・拘束や指示：他社の選考は辞退してほしいと言われた
・通知方法：電話

● その他受験者からのアドバイス
・志望度が重要なので，企業研究や他社との違いをしっかり調べておくこと
・説明会でエンジニアと長い時間話すことができた

自分に自信を持つことが大切。説明会後に社員に話しかけに行くとよい

エンジニアリング 2020卒

エントリーシート
・形式：採用ホームページから記入
・内容：志望理由，行きたい分野はどこか，自己PR，英語力，選考状況

セミナー
・選考とは無関係
・服装：リクルートスーツ
・内容：部門ごとの説明会。スマートな方が多かった。アンケートの感想欄にて自己PRしてもよいと書かれていた

筆記試験
・形式：Webテスト
・科目：SPI（数学，算数／国語，漢字／性格テスト）

面接（個人・集団）
・雰囲気：和やか
・回数：2回
・質問内容：自分の長所，最近はまっていること，嫌いな人物への接し方，志望動機，選考状況，学生時代に力を入れたこと以外で誇れるもの

内定
・拘束や指示：第一志望だったため拘束等はなかった。自己紹介書の郵送を求められた。他社の内定保留期限が差し迫っていることを正直に告げると，その場で内定をもらえた

素の自分で勝負することをおすすめします

技術職 2020卒

エントリーシート

・形式：採用ホームページから記入
・内容：志望動機，配属分野の志望理由，自己PR，研究内容

セミナー

・選考とは無関係
・服装：リクルートスーツ
・内容：企業紹介，各事業部でブースを設けて説明

筆記試験

・形式：Webテスト
・科目：数学，算数／国語，漢字／性格テスト
・内容：SPI3，テストセンターで受験

面接（個人・集団）

・雰囲気：和やか
・回数：2回
・質問内容：基本はエントリーシートに沿って質問される。自己PR，分野の志望理由，研究内容の簡単な説明

内定

・通知方法：電話

▶ その他受験者からのアドバイス

・内定を取ることはゴールではなく，入社して自分がどうなりたいかという夢をしっかり持ち，それを熱意をもって伝えることが大切だと感じた

面接では簡潔に，論理的に，情熱的に伝えることが
できれば大丈夫です。怖気つかず，深呼吸してから
面接に臨んでください

技術職 2019卒

エントリーシート

・内容：志望理由，・自分の性格をどのように自覚しているか，・自己PR，・研
究室・指導教官名，所属コース名

セミナー

・選考とは無関係
・服装：リクルートスーツ
・内容：各事業所の業界説明，社員の方との懇談会。どちらも企業研究では欠
かせないものだった

筆記試験

・形式：Webテスト
・科目：数学，算数／国語，漢字／性格テスト／一般教養・知識
・内容：SPI

面接（個人・集団）

・質問内容：志望動機，志望職種，自分の短所，気になっているニュース

内定

・拘束や指示：特になし
・通知方法：電話
・タイミング：予定通り

● その他受験者からのアドバイス

・よかった点は，面接が二回で終わる点
・よくなかった点は，採用時期が他の業界に比べて遅いと感じた

面接でしっかり回答できるよう，企業研究，自己分析は確実に行っておくべきではないかと思います

総合職 2018卒

エントリーシート

・形式：採用ホームページから記入
・内容：志望理由，マッチング希望先とそこを希望する理由，自分の性格，ほかの人と比べて優れている能力，研究内容

セミナー

・選考とは無関係
・服装：リクルートスーツ
・内容：MHIジョブマッチングは業界・製品説明が中心で，その後4月にあった工場見学は社員の方との座談会があった

筆記試験

・形式：Webテスト
・科目：SPI（数学，算数／国語，漢字）

面接（個人・集団）

・雰囲気：和やか
・回数：2回

内定

・通知方法：電話

技術職自由 2017卒

エントリーシート
・形式：採用ホームページから記入
・内容：志望動機，配属希望，研究内容など

セミナー
・筆記や面接などが同時に実施される，選考と関係のあるものだった
・内容：説明会後半の座談会形式の際に名前をメモされたので，選考と関係の
あると思われる

筆記試験
・形式：マークシート
・科目：数学，算数／国語，漢字／性格テスト。内容はテストセンター

面接（個人・集団）
・回数：2回
・質問内容：ESに沿った内容・自己紹介・学生時代力を入れたこと

内定
・通知方法：電話

快活な印象を与えるコミュニケーションが大切だと思います

総合職事務系 2017卒

エントリーシート
・形式：採用ホームページから記入
・内容：志望動機，企業選びの軸，今までの人生で最も困難だったこととそこから学んだこと

セミナー
・選考とは無関係
・服装：リクルートスーツ

筆記試験
・形式：Webテスト
・科目：英語／数学，算数／国語，漢字。内容はテストセンター

面接（個人・集団）
・雰囲気：和やか
・質問内容：志望動機，学生時代力を入れたこと，会社を国際的にする為にはどうしたら良いか

内定
・通知方法：電話

▶ その他受験者からのアドバイス
・よかった点は，面接のフィードバックがもらえたこと

理系院生は研究のことを筋道立てて話せるようにしておくことが重要です

総合職 2017卒

エントリーシート

・形式：学科系統，配属予約（マッチング）希望先，希望製品・事業分野，自分の考える自分の性格内容：長所を活かして将来企業で実現したいこと

セミナー

・選考とは無関係
・服装：リクルートスーツ
・内容：事業部ごと説明と各部署の社員との座談会

筆記試験

・形式：Webテスト
・科目：数学，算数／国語，漢字／性格テスト／事務処理テスト。内容はテストセンター

面接（個人・集団）

・雰囲気：和やか
・回数：2回
・質問内容：事業部の志望理由，研究，一番頑張ったこと

内定

・拘束や指示：他社選考の辞退
・通知方法：電話
・タイミング：予定通り

● その他受験者からのアドバイス

・よかった点は，他社と悩んでいることを伝えると待ってもらえ，社員と話をする機会を与えてもらった
・よくなかった点は，マッチングと最終の間が長い

リクルーターのサポートが手厚くて，とてもありが
たかったです

総合職 2017卒

エントリーシート

・内容：企業選びの軸，上記を踏まえた上での志望動機，苦労したこと，それ
を乗り越えた方法，自由記述欄

セミナー

・選考とは無関係

筆記試験

・形式：Webテスト
・科目：英語／数学，算数／国語，漢字

面接（個人・集団）

・質問内容：志望動機，商社との違い，人生で辛かったことは何か，国際化に
ついて

内定

・通知方法：電話

● その他受験者からのアドバイス

・採用のテンポが速く，面接も和やか。
・エリア外の地方民でも交通費が全額支給。
・新型コロナウイルスの関係で，対面での説明会の回数が少ない

企業研究や説明会を通して志望部署の業務内容をしっかりと把握して下さい

技術採用 2017卒

エントリーシート
・形式：採用ホームページから記入
・内容：部門の志望理由，自己PR，研究内容

セミナー
・選考とは無関係
・服装：リクルートスーツ
・内容：採用部門紹介，社員との座談会

筆記試験
・形式：Webテスト
・内容：SPI3

面接（個人・集団）
・雰囲気：和やか，
・質問内容：ESの内容，インターンシップの感想，入社後やりたい仕事

内定
・通知方法：電話

● その他受験者からのアドバイス
・インターンシップに参加するとよい

✔ 有価証券報告書の読み方

01 部分的に読み解くことからスタートしよう

　「有価証券報告書（以下，有報）」という名前を聞いたことがある人も少なくはないだろう。しかし，実際に中身を見たことがある人は決して多くはないのではないだろうか。有報とは上場企業が年に1度作成する，企業内容に関する開示資料のことをいう。開示項目には決算情報や事業内容について，従業員の状況等について記載されており，誰でも自由に見ることができる。

　一般的に有報は，証券会社や銀行の職員，または投資家などがこれを読み込み，その後の戦略を立てるのに活用しているイメージだろう。その認識は間違いではないが，だからといって就活に役に立たないというわけではない。就活を有利に進める上で，お得な情報がふんだんに含まれているのだ。ではどの部分が役に立つのか，実際に解説していく。

■有価証券報告書の開示内容

　では実際に，有報の開示内容を見てみよう。

有価証券報告書の開示内容

第一部【企業情報】
　　第1　【企業の概況】
　　第2　【事業の状況】
　　第3　【設備の状況】
　　第4　【提出会社の状況】
　　第5　【経理の状況】
　　第6　【提出会社の株式事務の概要】
　　第7　【提出会社の状参考情報】
第二部【提出会社の保証会社等の情報】
　　第1　【保証会社情報】
　　第2　【保証会社以外の会社の情報】
　　第3　【指数等の情報】

有報は記載項目が統一されているため，どの会社に関しても同じ内容で書かれている。このうち就活において必要な情報が記載されているのは，第一部の第1【企業の概況】～第5【経理の状況】まで，それ以降は無視してしまってかまわない。

02 企業の概況の注目ポイント

　第1【企業の概況】には役立つ情報が満載。そんな中，最初に注目したいのは，冒頭に記載されている【主要な経営指標等の推移】の表だ。

回次		第25期	第26期	第27期	第28期	第29期
決算年月		平成24年3月	平成25年3月	平成26年3月	平成27年3月	平成28年3月
営業収益	（百万円）	2,532,173	2,671,822	2,702,916	2,756,165	2,867,199
経常利益	（百万円）	272,182	317,487	332,518	361,977	428,902
親会社株主に帰属する当期純利益	（百万円）	108,737	175,384	199,939	180,397	245,309
包括利益	（百万円）	109,304	197,739	214,632	229,292	217,419
純資産額	（百万円）	1,890,633	2,048,192	2,199,357	2,304,976	2,462,537
総資産額	（百万円）	7,060,409	7,223,204	7,428,303	7,605,690	7,789,762
1株当たり純資産額	（円）	4,738.51	5,135.76	5,529.40	5,818.19	6,232.40
1株当たり当期純利益	（円）	274.89	443.70	506.77	458.95	625.82
潜在株式調整後1株当たり当期純利益	（円）	—	—	—	—	—
自己資本比率	（%）	26.5	28.1	29.4	30.1	31.4
自己資本利益率	（%）	5.9	9.0	9.5	8.1	10.4
株価収益率	（倍）	19.0	17.4	15.0	21.0	15.5
営業活動によるキャッシュ・フロー	（百万円）	558,650	588,529	562,763	622,762	673,109
投資活動によるキャッシュ・フロー	（百万円）	△370,684	△465,951	△474,697	△476,844	△499,575
財務活動によるキャッシュ・フロー	（百万円）	△152,428	△101,151	△91,367	△86,636	△110,265
現金及び現金同等物の期末残高	（百万円）	167,525	189,262	186,057	245,170	307,809
従業員数[ほか、臨時従業員数]	（人）	71,729[27,746]	73,017[27,312]	73,551[27,736]	73,329[27,313]	73,053[26,147]

　見慣れない単語が続くが，そう難しく考える必要はない。特に注意してほしいのが，**営業収益**，**経常利益**の二つ。営業収益とはいわゆる**総売上額**のことであり，これが企業の本業を指す。その営業収益から営業費用（営業費（販売費＋一般管理費）＋売上原価）を差し引いたものが**営業利益**となる。会社の業種はなんであれ，モノを顧客に販売した合計値が営業収益であり，その営業収益から人件費や家賃，広告宣伝費などを差し引いたものが営業利益と覚えておこう。対して経常利益は営業利益から本業以外の損益を差し引いたもの。いわゆる金利による収益や不動産収入などがこれにあたり，本業以外でその会社がどの程度の力をもっているかをはかる絶好の指標となる。

■会社のアウトラインを知れる情報が続く。

　この主要な経営指標の推移の表につづいて、「会社の沿革」、「事業の内容」、「関係会社の状況」「従業員の状況」などが記載されている。自分が試験を受ける企業のことを、より深く知っておくにこしたことはない。会社がどのように発展してきたのか、主としている事業はどのようなものがあるのか、従業員数や平均年齢はどれくらいなのか、志望動機などを作成する際に役立ててほしい。

03　事業の状況の注目ポイント

　第2となる【事業の状況】において、最重要となるのは**業績等の概要**といえる。ここでは1年間における収益の増減の理由が文章で記載されている。「○○という商品が好調に推移したため、売上高は△△になりました」といった情報が、比較的易しい文章で書かれている。もちろん、損失が出た場合に関しても包み隠さず記載してあるので、その会社の1年間の動向を知るための格好の資料となる。

　また、業績については各事業ごとに細かく別れて記載してある。例えば鉄道会社ならば、①運輸業、②駅スペース活用事業、③ショッピング・オフィス事業、④その他といった具合だ。**どのサービス・商品がどの程度の売上を出したのか**、会社の持つ展望として、今後**どの事業をより活性化**していくつもりなのか、などを意識しながら読み進めるとよいだろう。

■「対処すべき課題」と「事業等のリスク」

　業績等の概要と同様に重要となるのが、「**対処すべき課題**」と「**事業等のリスク**」の2項目といえる。ここで読み解きたいのは、その会社の**今後の伸びしろ**について。いま、会社はどのような状況にあって、どのような課題を抱えているのか。また、その課題に対して取られている対策の具体的な内容などから経営方針などを読み解くことができる。リスクに関しては法改正や安全面、他の企業の参入状況など、会社にとって決してプラスとは言えない情報もつつみ隠さず記載してある。客観的にその会社を再評価する意味でも、ぜひ目を通していただきたい。

　次代を担う就活生にとって、ここの情報はアピールポイントとして組み立てやすい。「新事業の○○の発展に際して……」、「御社が抱える●●というリスクに対して……」などという発言を面接時にできれば、面接官の心証も変わってくるはずだ。

最後に注目したいのが，第5【経理の状況】だ。ここでは，簡単にいえば【主要な経営指標等の推移】の表をより細分化した表が多く記載されている。ここの情報をすべて理解するのは，簿記の知識がないと難しい。しかし，そういった知識があまりなくても，読み解ける情報は数多くある。例えば**損益計算書**などがそれに当たる。

連結損益計算書

(単位：百万円)

	前連結会計年度 (自 平成26年4月1日 至 平成27年3月31日)	当連結会計年度 (自 平成27年4月1日 至 平成28年3月31日)
営業収益	2,756,165	2,867,199
営業費		
運輸業等営業費及び売上原価	1,806,181	1,841,025
販売費及び一般管理費	※1 522,462	※1 538,352
営業費合計	2,328,643	2,379,378
営業利益	427,521	487,821
営業外収益		
受取利息	152	214
受取配当金	3,602	3,703
物品売却益	1,438	998
受取保険金及び配当金	8,203	10,067
持分法による投資利益	3,134	2,565
雑収入	4,326	4,067
営業外収益合計	20,858	21,616
営業外費用		
支払利息	81,961	76,332
物品売却損	350	294
雑支出	4,090	3,908
営業外費用合計	86,403	80,535
経常利益	361,977	428,902
特別利益		
固定資産売却益	※4 1,211	※4 838
工事負担金等受入額	※5 59,205	※5 24,487
投資有価証券売却益	1,269	4,473
その他	5,016	6,921
特別利益合計	66,703	36,721
特別損失		
固定資産売却損	※6 2,088	※6 1,102
固定資産除却損	※7 3,957	※7 5,105
工事負担金等圧縮額	※8 54,253	※8 18,346
減損損失	※9 12,738	※9 12,297
耐震補強重点対策関連費用	8,906	10,288
災害損失引当金繰入額	1,306	25,085
その他	30,128	8,537
特別損失合計	113,379	80,763
税金等調整前当期純利益	315,300	384,860
法人税、住民税及び事業税	107,540	128,972
法人税等調整額	26,202	9,326
法人税等合計	133,742	138,298
当期純利益	181,558	246,561
非支配株主に帰属する当期純利益	1,160	1,251
親会社株主に帰属する当期純利益	180,397	245,309

主要な経営指標等の推移で記載されていた**経常利益**の算出する上で必要な営業外収益などについて，詳細に記載されているので，一度目を通しておこう。

いよいよ次ページからは実際の有報が記載されている。ここで得た情報をもとに有報を確実に読み解き，就職活動を有利に進めよう。

✔ 有価証券報告書

企業の概況

1 主要な経営指標等の推移

（1） 連結経営指標等 ···

回次		2018年度	2019年度	2020年度	2021年度	2022年度
決算年月		2019年3月	2020年3月	2021年3月	2022年3月	2023年3月
売上収益	（百万円）	4,078,344	4,041,376	3,699,946	3,860,283	4,202,797
事業利益（△は損失）	（百万円）	200,570	△29,538	54,081	160,240	193,324
税引前利益（△は損失）	（百万円）	195,059	△32,660	49,355	173,684	191,126
親会社の所有者に帰属する当期利益	（百万円）	110,271	87,123	40,639	113,541	130,451
当期包括利益	（百万円）	112,220	6,668	181,616	268,540	219,456
親会社の所有者に帰属する当期包括利益（△は損失）	（百万円）	85,577	△8,201	173,635	248,891	201,231
親会社の所有者に帰属する持分	（百万円）	1,411,564	1,218,343	1,366,342	1,576,611	1,740,974
資産合計	（百万円）	5,240,353	4,985,690	4,810,727	5,116,340	5,474,812
1株当たり親会社所有者帰属持分	（円）	4,204.71	3,627.73	4,064.73	4,696.42	5,183.10
基本的1株当たり当期利益（親会社の所有者に帰属）	（円）	328.52	259.39	120.92	338.24	388.43
希薄化後1株当たり当期利益（親会社の所有者に帰属）	（円）	327.97	259.06	120.83	338.05	388.26
親会社所有者帰属持分比率	（％）	26.94	24.44	28.40	30.82	31.80
親会社所有者帰属持分当期利益率	（％）	7.94	6.63	3.14	7.72	7.86
株価収益率	（倍）	14.00	10.53	28.52	11.89	12.55
営業活動によるキャッシュ・フロー	（百万円）	420,349	452,564	△94,948	285,563	80,888
投資活動によるキャッシュ・フロー	（百万円）	△161,869	△239,566	△182,249	16,306	△45,575
財務活動によるキャッシュ・フロー	（百万円）	△271,002	△204,452	221,737	△255,774	△18,902
現金及び現金同等物の期末残高	（百万円）	283,235	281,626	245,421	314,257	347,663
従業員数[外、平均臨時雇用者数]	（人）	80,744 [12,429]	81,631 [11,444]	79,974 [10,348]	77,991 [8,340]	76,859 [7,458]

（注） 1. 2018年度より国際会計基準（以下、「IFRS」という。）に基づいて連結財務諸表を作成している。

2. 2019年度からIFRS第16号「リース」を適用している。これに伴い，2018年度の財務数値を修正再

(point) 主要な経営指標等の推移

数年分の経営指標の推移がコンパクトにまとめられている。見るべき箇所は連結の売上，利益，株主資本比率の3つ。売上と利益は順調に右肩上がりに伸びているか，逆に利益で赤字が続いていたりしないかをチェックする。株主資本比率が高いとリーマンショックなど景気が悪化したときなどでも経営が傾かないという安心感がある。

表示している。

（2） 提出会社の経営指標等 ·······························

回次		2018年度	2019年度	2020年度	2021年度	2022年度
決算年月		2019年3月	2020年3月	2021年3月	2022年3月	2023年3月
売上高	（百万円）	886,498	959,281	916,770	1,233,413	1,549,487
経常利益	（百万円）	54,585	122,024	144,350	84,020	89,308
当期純利益又は当期純損失（△）	（百万円）	96,061	△312,125	104,934	112,742	98,564
資本金	（百万円）	265,608	265,608	265,608	265,608	265,608
発行済株式総数	（千株）	337,364	337,364	337,364	337,364	337,364
純資産額	（百万円）	1,198,131	779,501	913,618	990,734	1,043,526
総資産額	（百万円）	3,031,774	3,170,625	2,827,472	3,117,179	3,150,105
1株当たり純資産額	（円）	3,563.57	2,317.24	2,715.44	2,949.22	3,105.10
1株当たり配当額 （うち1株当たり中間配当額）	（円）	130.00 (65.00)	150.00 (75.00)	75.00 (－)	100.00 (45.00)	130.00 (60.00)
1株当たり当期純利益 又は1株当たり当期純損失（△）	（円）	286.18	△929.27	312.23	335.85	293.48
潜在株式調整後 1株当たり当期純利益	（円）	285.74	－	311.99	335.67	293.35
自己資本比率	（％）	39.46	24.55	32.28	31.76	33.11
自己資本利益率	（％）	8.14	△31.61	12.41	11.85	9.70
株価収益率	（倍）	16.07	－	11.05	11.97	16.61
配当性向	（％）	45.4	△16.1	24.0	29.8	44.3
従業員数 [外、平均臨時雇用者数]	（人）	14,534 [2,149]	14,501 [1,936]	14,553 [1,411]	22,755 [1,895]	21,634 [1,926]
株主総利回り （比較指標：配当込みTOPIX）	（％）	116.1 (95.0)	73.9 (85.9)	93.4 (122.1)	109.8 (124.6)	134.0 (131.8)
最高株価	（円）	4,699	4,886.0	3,671.0	4,206.0	5,687.0
最低株価	（円）	3,797	2,516.5	2,181.0	2,511.5	3,863.0

（注）1. 2019年度の潜在株式調整後1株当たり当期純利益については、潜在株式は存在するものの1株当たり当期純損失であるため記載していない。
2. 2019年度の株価収益率については、1株当たり当期純損失であるため記載していない。
3. 最高株価及び最低株価は、2022年4月4日からは東京証券取引所（プライム市場）におけるものであり、それ以前については東京証券取引所（市場第一部）におけるものである。

2 沿革

三菱の創業者岩崎彌太郎は，1884年7月7日，工部省から長崎造船局を借り受け，長崎造船所と命名して造船事業に本格的に乗り出した。当社は，この日をもって創立日としている。

　その後，造船事業は1893年12月に設立の三菱合資会社に引き継がれたが，これ以降の沿革は以下に記載のとおりである。

年月	沿革				
	(旧) 三菱重工業 (株)				
1917年10月	・三菱合資会社から同社造船部所属業務の一切を引き継ぎ三菱造船㈱を設立				
1934年4月	・商号を三菱重工業㈱に変更				
1950年1月	・過度経済力集中排除法により，3社に分割され，それぞれ中日本重工業㈱，東日本重工業㈱，西日本重工業㈱の商号をもって新発足				

新三菱重工業 (株)		三菱日本重工業 (株)		三菱造船 (株)	
1950年1月	・中日本重工業 (株) の商号をもって本社を神戸市に置き発足	1950年1月	・東日本重工業 (株) の商号をもって本社を東京都中央区に置き発足	1950年1月	・西日本重工業 (株) の商号をもって本社を東京都中央区に置き発足
1950年5月	・東京，大阪各証券取引所に株式を上場 (以後，1952年1月までに札幌，名古屋及び福岡の各証券取引所に株式を上場)	1950年5月	・東京，大阪各証券取引所に株式を上場 (以後，1952年3月までに札幌，名古屋及び福岡の各証券取引所に株式を上場)	1950年5月	・東京，大阪各証券取引所に株式を上場 (以後，1950年8月までに福岡，札幌及び名古屋の各証券取引所に株式を上場)
1952年5月	・商号を新三菱重工業 (株) に変更	1952年6月	・商号を三菱日本重工業 (株) に変更	1951年11月	・本社を東京都港区に移転
1958年4月	・本社を東京都千代田区に移転	1956年7月	・本社を東京都千代田区に移転	1952年5月	・商号を三菱造船 (株) に変更
				1956年7月	・本社を東京都千代田区に移転

年月	沿革
1964年6月	・新三菱重工業 (株)，三菱日本重工業 (株) 及び三菱造船 (株) が合併し，三菱重工業 (株) の商号をもって，本社を東京都千代田区に置き発足
1968年12月	・菱重環境エンジニアリング (株) (現三菱重工機械システム (株)) を設立
1970年6月	・自動車部門の営業を三菱自動車工業 (株) へ譲渡
1976年2月	・重工環境サービス (株) (現三菱重工環境・化学エンジニアリング (株)) を設立
1979年7月	・米国にMitsubishi Heavy Industries America, Inc.を設立

(point) 沿革

　どのように創業したかという経緯から現在までの会社の歴史を年表で知ることができる。過去に行った重要な M&A などがいつ行われたのか，ブランド名はいつから使われているのか，いつ頃から海外進出を始めたのか，など確認することができて便利だ。

1988年4月	・エム・エイチ・アイ・ターボテクノ（株）（現三菱重工コンプレッサ（株））を設立
1995年1月	・三菱原子力工業（株）を合併
2001年4月	・米国に Mitsubishi Power Systems, Inc.（現 Mitsubishi Power Americas, Inc.）を設立
2003年5月	・本社を東京都港区に移転
2007年3月	・オランダに MHI International Investment B. V. を設立
2013年4月	・日本輸送機（株）を連結子会社とし，ニチユ三菱フォークリフト（株）（現三菱ロジスネクスト（株））として営業開始
2013年5月	・Pratt & Whitney Power Systems, Inc.（米国）を連結子会社とし，PW Power Systems, Inc.（現 Mitsubishi Power Aero LLC）として営業開始
2014年2月	・三菱日立パワーシステムズ（株）（現三菱パワー（株））が営業開始
2014年10月	・三菱重工航空エンジン（株）が営業開始
2015年1月	・Primetals Technologies, Limited（英国）が営業開始
2015年6月	・監査等委員会設置会社へ移行
2016年7月	・三菱重工エンジン＆ターボチャージャ（株）が営業開始
2016年10月	・三菱重工サーマルシステムズ（株）が営業開始
2018年1月	・三菱重工エンジニアリング（株）が営業開始 ・三菱造船（株）が営業開始
2019年1月	・本社を東京都千代田区に移転
2020年6月	・MHI RJ Aviation Inc.（米国）が営業開始
2021年10月	・火力発電システム事業等を三菱パワー㈱から承継

(point) **創業者は岩崎彌太郎**

三菱重工は1884年に創業者である岩崎彌太郎が政府所有の工部省長崎造船所を借り受け，造船事業を開始したことにより生まれた。日本の戦後復興期の中核的企業として活躍し，防衛庁，官公庁，電力・ガス向けなどに強く，長らく国内事業を収益基盤としてきた。90年代半ばからは海外展開を加速した。

3 事業の内容

　当社グループでは、多くの事業において当社及び関係会社が連携して設計、製造、販売、サービス及び据付等を行っている。

　当社グループの主な事業内容と当社又は主な関係会社の当該事業における位置付け及びセグメントとの関連は次のとおりである。

　なお、次の4部門は「第5　経理の状況　1　連結財務諸表等　（1）連結財務諸表」に掲げる事業セグメントの区分と同一である。

（エナジー）

　当セグメントにおいては、火力発電システム（GTCC* 1、スチームパワー）、原子力発電システム（軽水炉、原子燃料サイクル・新分野）、風力発電システム、航空機用エンジン、コンプレッサ、排煙処理システム（AQCS* 2）、舶用機械等の設計、製造、販売、サービス及び据付等を行っている。

* 1 GTCC：Gas Turbine Combined Cycle
* 2 AQCS：Air Quality Control System

　[主な関係会社]

　Mitsubishi Power Aero LLC、Mitsubishi Power Americas, Inc.、三菱重工航空エンジン㈱、三菱重工コンプレッサ㈱

（プラント・インフラ）

　当セグメントにおいては、製鉄機械、商船、エンジニアリング、環境設備、機械システム等の設計、製造、販売、サービス及び据付等を行っている。

　[主な関係会社]

　三菱重工環境・化学エンジニアリング（株），三菱造船（株），三菱重工機械システム（株），三菱重工エンジニアリング（株），Primetals Technologies, Limited

（物流・冷熱・ドライブシステム）

　当セグメントにおいては，物流機器，ターボチャージャ，エンジン，冷熱製品，カーエアコン等の設計，製造，販売，サービス及び据付等を行っている。

　[主な関係会社]

　三菱重工サーマルシステムズ（株），三菱重工エンジン＆ターボチャージャ（株），三菱ロジスネクスト（株）

（航空・防衛・宇宙）

---

point 魅力に欠けるコングロマリット

　典型的なコングロマリットとして，船舶や原子力発電，ボイラー，コンプレッサ，肥料プラント，製鉄機械，工作機械，空調機，フォークリフトなども手掛ける。ガスタービン，航空機部品において日本，世界ともに確固たる地位を築いている。しかしGEなど世界の競合コングロマリットと比較すると，魅力に欠けると言われている。

当セグメントにおいては、民間航空機、防衛航空機、飛しょう体、艦艇、特殊車両、特殊機械（魚雷）、宇宙機器等の設計、製造、販売、サービス及び据付等を行っている。

　[主な関係会社]

MHI RJ Aviation Inc.

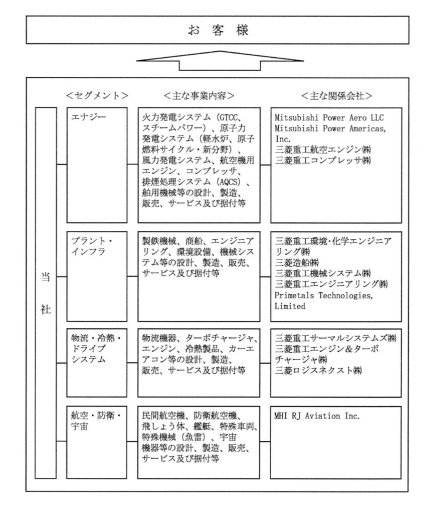

お客様

＜セグメント＞	＜主な事業内容＞	＜主な関係会社＞
当社		
エナジー	火力発電システム（GTCC、スチームパワー）、原子力発電システム（軽水炉、原子燃料サイクル・新分野）、風力発電システム、航空機用エンジン、コンプレッサ、排煙処理システム（AQCS）、舶用機械等の設計、製造、販売、サービス及び据付等	Mitsubishi Power Aero LLC Mitsubishi Power Americas, Inc. 三菱重工航空エンジン㈱ 三菱重工コンプレッサ㈱
プラント・インフラ	製鉄機械、商船、エンジニアリング、環境設備、機械システム等の設計、製造、販売、サービス及び据付等	三菱重工環境・化学エンジニアリング㈱ 三菱造船㈱ 三菱重工機械システム㈱ 三菱重工エンジニアリング㈱ Primetals Technologies, Limited
物流・冷熱・ドライブシステム	物流機器、ターボチャージャ、エンジン、冷熱製品、カーエアコン等の設計、製造、販売、サービス及び据付等	三菱重工サーマルシステムズ㈱ 三菱重工エンジン＆ターボチャージャ㈱ 三菱ロジスネクスト㈱
航空・防衛・宇宙	民間航空機、防衛航空機、飛しょう体、艦艇、特殊車両、特殊機械（魚雷）、宇宙機器等の設計、製造、販売、サービス及び据付等	MHI RJ Aviation Inc.

point **関係会社の状況**

主に子会社のリストであり，事業内容や親会社との関係についての説明がされている。特に製造業の場合などは子会社の数が多く，すべてを把握することは難しいが，重要な役割を担っている子会社も多くある。有報の他の項目では一度も触れられていない場合が多いので，気になる会社については個別に調べておくことが望ましい。

名称	住所	資本金	主要な事業の内容	議決権の所有割合(%)	当社との関係内容		
					営業上の取引等	設備等の賃貸借	役員の兼任等
（連結子会社）							
三菱重工航空エンジン㈱	愛知県小牧市	百万円6,000	エナジー	100	仕入	有	有
三菱重工コンプレッサ㈱	東京都港区	百万円4,000	〃	100	販売、仕入、業務委託	有	有
三菱重工パワーインダストリー㈱	横浜市中区	百万円1,500	〃	100	業務委託、仕入	有	有
三菱重工マリンマシナリ㈱	長崎市	百万円1,000	〃	100	販売、業務受託、業務委託	有	有
Mitsubishi Power Aero LLC （注）2	Connecticut, U.S.A.	百万米ドル624.5	〃	100(100)	―	―	―
Mitsubishi Power Americas, Inc. （注）2	Florida, U.S.A.	百万米ドル352.5	〃	100(100)	業務受託、仕入		有
Mechanical Dynamics & Analysis LLC	New York, U.S.A.	百万米ドル0.0	〃	100(100)	―	―	―
三菱重工環境・化学エンジニアリング㈱	横浜市西区	百万円3,450	プラント・インフラ	100(58.8)	販売、業務受託、業務委託	有	有
三菱造船㈱	横浜市西区	百万円3,000	〃	100	業務受託、業務委託	有	有
三菱重工機械システム㈱	神戸市兵庫区	百万円2,005	〃	100	販売、業務委託	有	有
三菱重工交通・建設エンジニアリング㈱	横浜市西区	百万円300	〃	100(100)	業務受託、業務委託	有	―
三菱重工エンジニアリング㈱ （注）6	横浜市西区	百万円100	〃	100	業務受託、業務委託	有	有
Primetals Technologies, Limited	London, U.K.	百万ユーロ0.1	〃	100(100)	業務委託	―	有

(point) **期待を集める国産小型旅客機MRJ**

子会社の三菱航空機によって三菱リージョナルジェット（MRJ: Mitsubishi Regional Jet）と呼ばれる次世代の民間小型旅客機が開発されている。同社には三菱重工が64％を出資。圧倒的な運航経済性と環境適合性により、エアラインの競争力と収益力の向上に大きく貢献するようだ。2015年にANAへ初号機が納入される予定。

名称	住所	資本金	主要な事業の内容	議決権の所有割合 (%)	当社との関係内容		
					営業上の取引等	設備等の賃貸借	役員の兼任等
三菱重工サーマルシステムズ㈱	東京都千代田区	百万円 12,000	物流・冷熱・ドライブシステム	100	販売、業務委託	有	有
三菱重工エンジン&ターボチャージャ㈱	相模原市中央区	百万円 5,000	〃	100	販売、業務受託、業務委託	有	有
三菱ロジスネクスト㈱ (注) 3	京都府長岡京市	百万円 4,938	〃	64.5	販売、業務委託	有	有
三菱重工冷熱㈱	東京都港区	百万円 400	〃	100 (100)	販売、業務受託、業務委託	有	―
Equipment Depot Inc. (注) 4	Texas, U.S.A	(百万米ドル 281.0)	〃	100 (100)	―	―	―
三菱重工海爾(青島)空調機有限公司	中国山東省	百万米ドル 50.4	〃	55.0 (55.0)	貸付	―	有
Mitsubishi Logisnext Americas (Marengo) Inc. (注) 4、7	Illinois, U.S.A.	(百万米ドル 49.9)	〃	100 (100)	―	―	―
Mitsubishi Turbocharger and Engine Europe B.V.	Almere, The Netherlands	百万ユーロ 38.3	〃	100 (100)	業務委託	―	有
Mitsubishi Heavy Industries - Mahajak Air Conditioners Co., Ltd.	Bangkok, Thailand	百万タイバーツ 1,424.7	〃	81.8 (81.8)	業務委託	―	有
Mitsubishi Heavy Industries Air-Conditioning Europe, Ltd.	Uxbridge, U.K.	百万ユーロ 29.6	〃	100 (100)	―	―	―
上海菱重増圧器有限公司	中国上海市	百万米ドル 20.5	〃	56.2 (56.2)	業務委託	―	―
Mitsubishi Turbocharger and Engine America, Inc.	Illinois, U.S.A	百万米ドル 8.5	〃	100 (100)	業務委託	―	―
三菱重工空調系統(上海)有限公司	中国上海市	百万米ドル 8.0	〃	100 (100)	―	―	―
Mitsubishi Logisnext Europe B.V.	Almere, The Netherlands	百万ユーロ 6.8	〃	100 (100)	―	―	―
Mitsubishi Logisnext Americas (Houston) Inc. (注) 7	Texas, U.S.A.	百万米ドル 0.0	〃	100 (100)	―	―	―
MHI RJ Aviation Inc.	West Virginia, U.S.A.	百万米ドル 0.2	航空・防衛・宇宙	100 (100)	業務受託	―	有

名称	住所	資本金	主要な事業の内容	議決権の所有割合(%)	当社との関係内容 営業上の取引等	設備等の賃貸借	役員の兼任等
三菱航空機㈱　　　　　(注)8	名古屋市港区	百万円 500	その他	86.9	業務受託、業務委託	有	有
MHI International Investment B.V.　　(注)2	Almere, The Netherlands	百万ユーロ 245.0	〃	100	貸付	―	有
三菱重工業(中国)有限公司	中国北京市	百万米ドル 39.4	〃	100	役務提供	―	有
Mitsubishi Heavy Industries Asia Pacific Pte. Ltd.	Singapore	百万シンガポールドル 42.6	〃	100	役務提供、仕入	―	有
Mitsubishi Heavy Industries America, Inc.	Texas, U.S.A.	百万米ドル 15.0	〃	100	役務提供、仕入	―	有
Mitsubishi Heavy Industries EMEA, Ltd.	London, U.K.	百万英ポンド 4.6	〃	100	役務提供、仕入	―	有
Mitsubishi Heavy Industries (Thailand) Ltd.	Bangkok, Thailand	百万タイバーツ 127.0	〃	100 (99.9)	役務提供、仕入	―	―
三菱重工業(上海)有限公司	中国上海市	百万米ドル 0.5	〃	100 (100)	役務提供、仕入	―	有
その他　　　　　217社							

名称	住所	資本金	主要な事業の内容	議決権の所有割合(%)	当社との関係内容 営業上の取引等	設備等の賃貸借	役員の兼任等
(持分法適用会社) 日本建設工業㈱	東京都中央区	百万円 400	エナジー	30.4	業務受託、仕入	有	有
Framatome S.A.S.	Courbevoie, France	百万ユーロ 706.6	〃	19.5	業務受託、業務委託	―	有
三菱マヒンドラ農機㈱	松江市	百万円 4,500	物流・冷熱・ドライブシステム	66.7	―	有	有
㈱菱友システムズ　　　(注)3	東京都港区	百万円 699	その他	32.2 (0.8)	販売、業務受託、仕入	有	有
ＪＲ西日本プロパティーズ㈱	東京都港区	百万円 100	〃	30.0	業務受託、仕入	有	有
その他　　　　　30社							

(注) 1. 主要な事業の内容欄には，セグメント等の名称を記載している。

2. 特定子会社に該当する。

3. 有価証券報告書を提出している。

4. 資本金に相当する金額がない関係会社については、資本金に準ずる金額として資本準備金（又はそれに準ずる金額）を資本金欄において(　)内で表示している。

5. 議決権の所有割合の（　）内は，間接所有割合で内数である。
6. 三菱重工エンジニアリング（株）は2023年4月1日付でMHIエンジニアリング（株）に商号を変更した。
7. Mitsubishi Logisnext Americas（Houston）Inc.は2023年4月1日付でMitsubishi Logisnext Americas（Marengo）Inc.を吸収合併し，Mitsubishi Logisnext Americas Inc.に商号を変更した。
8. 三菱航空機（株）は債務超過の状況にある会社であり，債務超過の額は576,424百万円である。また，同社は2023年4月25日付でMSJ資産管理（株）に商号変更した。

<h2>5　従業員の状況</h2>

（1）　連結会社の状況 ···

2023年3月31日現在

セグメントの名称	従業員数（人）
エナジー	22,718　[1,707]
プラント・インフラ	13,424　[1,830]
物流・冷熱・ドライブシステム	24,115　[1,415]
航空・防衛・宇宙	10,587　[1,183]
その他・共通	6,015　[1,324]
合計	76,859　[7,458]

（注）1. 従業員数には，グループ外から当社グループ（当社及び連結子会社）への出向者を含み，当社グループからグループ外への出向者を含まない。また，臨時従業員数は［　］内に年間の平均人員を外数で記載している。

2. 臨時従業員には，定年退職後の再雇用社員，嘱託契約の従業員及びパートタイマー等を含み，派遣社員等は含まない。

(2) 提出会社の状況

従業員数（人）	平均年齢（歳）	平均勤続年数（年）	平均年間給与（円）
21,634 [1,926]	42.1	18.8	9,186,262

セグメントの名称	従業員数（人）	
エナジー	10,409	[700]
プラント・インフラ	56	[94]
物流・冷熱・ドライブシステム	19	[48]
航空・防衛・宇宙	7,477	[481]
その他・共通	3,673	[605]
合計	21,634	[1,926]

（注）1. 従業員数には，社外から当社への出向者を含み，当社から社外への出向者を含まない。また，臨時
　　　　従業員数は［　］内に年間の平均人員を外数で記載している。
　　　2. 臨時従業員には，定年退職後の再雇用社員，嘱託契約の従業員及びパートタイマー等を含み，派遣
　　　　社員等は含まない。
　　　3. 平均年間給与は，2022年4月から2023年3月までの税込金額で，基準外賃金及び賞与を含み，その
　　　　他の臨時給与を含まない。

(3) 労働組合の状況

　当社従業員が加入する労働組合は，三菱重工労働組合と称し，三菱重工グルー
プ労働組合連合会を通じて，日本基幹産業労働組合連合会及び日本労働組合総
連合会に加盟しており，当社との労使関係は安定している。なお，前記労働組合
のほかに，ごく少数の当社従業員で組織する労働組合がある。
　当社の連結子会社の労働組合の状況については，特記すべき事項はない。

(point) 従業員の状況

　主力セグメントや，これまで会社を支えてきたセグメントの人数が多い傾向があるの
は当然のことだろう。上場している大企業であれば平均年齢は40歳前後だ。また労
働組合の状況にページが割かれている場合がある。その情報を載せている背景として，
労働組合の力が強く，人数を削減しにくい企業体質だということを意味している。

事業の状況

1 経営方針，経営環境及び対処すべき課題等

以下の記載事項のうち将来に関する事項は，当連結会計年度末現在において判断したものである。

(1) 経営方針・経営戦略等 ···

ア．当連結会計年度の経営環境

当社グループを取り巻く経営環境は，世界経済においてコロナ禍からの社会経済活動の正常化が進んで堅調な成長を続け，日本経済においても，ウィズコロナの下で個人消費と設備投資を中心に緩やかに持ち直した。

一方，資源価格上昇を受けたインフレ圧力の強まりや，欧米での急速な金融引締め，ロシアによるウクライナ侵略，米中の対立をはじめとする国際情勢の緊張など，今後の先行きにはなお懸念が残る状況となっている。

かかる経営環境下においても，当社グループは長い歴史の中で培われた技術に最先端の知見を取り入れ，変化する社会課題の解決に挑み，サステナブルで安全・安心・快適な社会と人々の豊かな暮らしの実現に貢献していく。

イ．中期経営計画「2021事業計画」

2020年10月から開始した中期経営計画「2021事業計画」では，「収益力の回復・強化」及び「成長領域の開拓」を重点テーマとし，収益性，成長性，財務健全性及び株主還元の4つの指標を定めて各種施策に取り組んでいる。

「収益力の回復・強化」としては，固定費の削減や生産性の向上に加え，サービス比率の向上，業務プロセスの改善等，事業体質の変革に取り組み，2023年度末「事業利益率7％」，「ROE12％」を目指している。また，「成長領域の開拓」としては，エネルギー供給側で脱炭素化を目指す「エナジートランジション」とエネルギー需要側で省エネ・省人化・脱炭素化を実現する「社会インフラのスマート化（モビリティ等の新領域）」を強力に推し進めている。これらの成長分野には「2021事業計画」期間中に1,800億円を投資し，将来的には1兆円規模の事業への成長を目指す。

2年目となる当連結会計年度は，グループ一丸となって取り組んだ各種施策

が奏功し，収益性は概ね想定どおり，財務健全性も想定以上の改善であった。2023年度は2021事業計画の最終年度であり，事業環境変化に臨機応変に適応しつつ各種施策の成果を更に拡大させ，総力を挙げて目標達成に取り組む。

ウ．カーボンニュートラル宣言

　　MISSION NET ZEROの実現に向けては省エネ化に継続して取り組んでおり，Scope1，2 *1のCO2排出量を2030年に2014年比で50％削減するという目標に対して，2022年で既に47％削減を実現した。これに加え，三原製作所をカーボンニュートラル工場とするための使用電力の100％グリーン化等，更なる取組みを実施している。また，Scope3 *1については当社製品の使用に伴うCO2排出量削減（2019年比で，2025年に30％，2030年に50％）が目標であり，この達成に向けて高砂製作所の高砂水素パーク建設をはじめとした様々なソリューションの開発・実証を進めている。

*1 Scope1は当社のCO2直接排出を，Scope2は主に電気の使用に伴うCO2間接排出を，Scope3は
　Scope1，Scope2以外の当社グループバリューチェーン全体でのCO2間接排出を示す。算定基準は
　温室効果ガス（GHG）排出量の算定と報告の国際基準であるGHGプロトコルに準じる。

(2)　優先的に対処すべき事業上及び財務上の課題 ・・・・・・・・・・・・・・・・・・・・・・・・・・・・・・・・・・・・

　　「2021事業計画」の最終年度である2023年度も，当社グループは「収益力回復・強化」に向けて目標の着実な達成に邁進する。また，サステナブルで安全・安心・快適な社会の実現に向け，「エネルギー供給側の脱炭素化」と，「エネルギー需要側の省エネ・省人化・脱炭素化」を両面で進め，これら「成長領域の開拓」のための各種取組みを引き続き展開していく。

ア．エネルギー供給側の脱炭素化（エナジートランジション）

　　脱炭素化への取組みは，これまで欧州が先行していたが，今後はIRA *2の成立した米国を中心に一気に加速することが予想される。また，各国政府支援の対象も，再生可能エネルギーだけでなく，エネルギーの転換，水素の利用，CO2回収分野にも裾野が広がり，カーボンニュートラル社会の実現に向けた動きも現実味を帯びてきている。

　　こうした中，当社グループは脱炭素化にCO2を「減らす」「回収する」「出さない」の3つの道筋で対応していく。高効率ガスタービンでは高いシェアを堅

(point) 業績等の概要

　この項目では今期の売上や営業利益などの業績がどうだったのか，収益が伸びたあるいは減少した理由は何か，そして伸ばすためにどんなことを行ったかということがセグメントごとに分かる。現在，会社がどのようなビジネスを行っているのか最も分かりやすい箇所だと言える。

持し，老朽化した石炭火力の置き換えによって「減らす」に引き続き貢献する。また，ガスタービンにCO2回収装置を組み合わせる案件の機運が高まっており，「回収する」ことにも積極的に対応していく。そして，CO2を「出さない」水素ガスタービンは，既にEUの規制でガスタービンに課されている2023年以降のCO2排出目標値をクリアするとともに，大型ガスタービンの燃焼試験では50％水素混焼を達成するなど順調に開発が進捗しており，2030年の水素専焼での商用化を目指して引き続き実証を推進していく。

さらに，CO2回収では，商談が旺盛な欧米の中でも顕著な拡大が予想される米国を中心にFS *3やFEED *4の受注を通じて市場の拡大に貢献し，実機の受注に繋げることで事業拡大を図る。また，CO2排出削減が容易でない産業分野向けでも，回収プロセス改良や設計標準化を進めるとともに，これらの実証をパートナーと一緒に推進し，具体的な商談に結び付けるよう取り組んでいく。加えて，貯留・利活用に関しても，エクソンモービル社との協業を通じて世界各国でのCO2回収案件の組成を進めるとともに，日本でも回収，輸送，貯留の各段階でパートナーと連携しながら，日本政府プロジェクトであるバリューチェーン事業の共同スタディにも参画し，将来の事業化を常に見据えて対応していく。

*2 Inflation Reduction Act（インフレ抑制法）
*3 Feasibility Study（事業化調査）
*4 Front End Engineering Design（基本設計）

イ．エネルギー需要側の省エネ・省人化・脱炭素化（社会インフラのスマート化）

エネルギーの需要側では，省人化，最適化，高信頼性をワンストップ・ソリューションで提供して顧客ニーズに応える取組みを進めていく。当社グループでは機械設備や発電設備の制御，遠隔監視・保守，サイバー攻撃防御といった様々なデジタル製品をこれまでも開発，実装してきているが，これらをプラットフォーム「Σ SynX」でかしこくつなぎ，省人化，設計・設備の最適化，高い信頼性といった付加価値を提供していく。

例えば，物流知能化としては，AGF *5や倉庫内統合制御システムを「Σ SynX」でつなぎ，ピッキングや入出荷，入出庫を自動化するための実証を引き続き進め，事業化を図っていく。また，既に納入実績のある冷凍冷蔵倉庫は，

(point) 世界最高レベルを誇るターボチャージャー

ターボチャージャー事業は注目の事業の1つ。世界最高レベルの技術と評価を得ており，今後も継続的な事業成長が期待できる分野だろう。ターボチャージャーとは，空気を圧縮して，より多くの空気をエンジンに強制的に送り込む働きをする補助装置を指す。世界シェアでは，三菱重工は20％程度で，1位グループのハネウェルやボルグ

高冷却効率かつ低消費電力に加え，シミュレーション技術を蓄積して更なる最適化を図り，今後ニーズの拡大が見込まれる東南アジアも視野に入れて事業展開を図る。データセンターの分野では高密度・高集積が進む中で省エネ・脱炭素化が大きな課題となっているため，冷却電力の90％以上を削減する次世代冷却技術の実証を更に進めている。これに加えて，高信頼性かつ高効率の電源・冷却システムと監視・統合制御システムをワンストップで提供する体制を整え，今後の受注拡大に向けて取り組んでいく。

*5 Automated Guided Forklift（無人フォークリフト）

ウ．新たな事業機会と収益力の回復・強化

　当社グループを取り巻く事業環境は，経済分断の進展，脱炭素に向けた各国政府支援の拡充，経済安全保障機運の高まりなどによって大きく変化しており，これまで述べてきた分野に加えて，特に原子力と防衛の分野で新たな事業機会が生じている。原子力発電システムは，カーボンフリーとエネルギーセキュリティを両立させる大規模・安定電源であり，国内での既設プラントの再稼働や燃料サイクル確立への支援を続けるとともに，革新軽水炉「SRZ-1200」の2030年代半ばの実用化に向けて開発・設計に着実に取り組んでいく。また，大量かつ安定的な水素製造を可能とする高温ガス炉の開発や，海外との高速炉開発に向けた協力などの多様な取組みを推進していく。防衛の分野は，昨今の国家安全保障強化の機運の高まりを受けて，国の防衛力整備計画が大きく拡充されている。当社グループは高い技術力で多様な装備品に対応できるリーディングカンパニーとして引き続き安全・安心な社会を支える役割を担っていく。

　また，今後の事業環境の変化に的確に対応しながら，事業ポートフォリオの見直し，成長領域へのリソースシフトの加速，構造改革やアセットマネジメント，コーポレート部門の業務効率化といった収益力の回復・強化に向けた取組みも，これまで同様，着実に進める。

　当社グループは、「MISSION NET ZERO」の活動を通じ、環境価値と経済価値を両立させながらカーボンニュートラルの実現に向けて取り組み、社会課題の解決とサステナブルな社会の実現に貢献していく。このように事業を発展し成長さ

　ワーナーに次ぐ位置にいる。ターボチャージャーには，低燃費，排ガスのクリーン化，エネルギー回収効果，などのメリットがある。

せていく上では、従来どおりコンプライアンスが重要課題であるとの認識の下で各種施策を進めていく。

2　事業等のリスク

　有価証券報告書に記載した事業の状況，経理の状況等に関する事項のうち，経営者が当社グループ（当社及び連結子会社）の財政状態，経営成績及びキャッシュ・フロー（以下「経営成績等」という。）の状況に重要な影響を与える可能性があると認識している主要なリスクには，以下の（3）に挙げるようなものがある。

　当社グループでは，これら主要なリスクを含めた各種リスクに対して考えうる対応策をあらかじめ講じているが，これらを完全に回避することは困難である。当社グループは，これらのリスクに留意しながら事業計画に従い事業活動を進めるとともに，これらが顕在化した場合の影響の最小化に努めている。

　主要なリスクには中長期的に事業環境や社会構造の更なる変化をもたらす可能性があるものも含まれており，当社グループは，将来を見据え，そのような動きに対応できるよう，先んじて対策を取っていかなければならないと認識している。

　なお，記載事項のうち将来に関する事項は，当連結会計年度末現在において判断したものである。

（1）　主要なリスクを検討するプロセス ……………………………………

　当社グループでは，事業遂行上のリスクを抽出・討議する経営管理プロセスを策定し，これに基づきリスクの一覧化に取り組んでいる。リスク抽出に当たっては，社外の知見も取り入れて当社グループに関連するリスクの網羅的なリストを作成し，これに基づき概ね10年以内に顕在化する可能性が懸念される具体的なリスクの洗出しを実施している。その上で，講じている対応策の効果も踏まえて当該リスクが顕在化した場合の影響度と蓋然性の検討を行い，当社グループの事業に重要な影響を与える可能性があり，かつ定量化可能なリスクを特定し，以下のようなリスクマップに整理している。これに加えて，定量化の難しい定性的なリスクについても上述のリスクの網羅的なリストに基づき特定している。

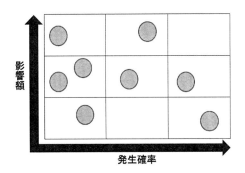

影響額 / 発生確率

(2)　当社グループにおけるリスクへの対応策 ·································

　当社グループでは，各種リスクを適切に管理するため，リスクの類型に応じた管理体制を整備し，管理責任の明確化を図っている。また，リスクを定期的に評価・分析し，必要な回避策又は低減策を講じるとともに，内部監査によりその実効性と妥当性を監査し，定期的に取締役会及び監査等委員会に報告することとしている。加えて，重大リスクが顕在化した場合に備え，緊急時に迅速かつ的確な対応ができるよう速やかにトップへ情報を伝達する手段を確保し，また各事業部門に危機管理責任者を配置している。

　また，当社グループでは，「事業リスクマネジメント憲章」により，リスクマネジメントの対象・要領等を明確化し，これを遵守・実践している。また，「事業リスクマネジメント委員会」において，トップマネジメントレベルでの重要リスク情報の共有や対応方針を協議することにより，体制の明確化と経営幹部・事業部門・コーポレート部門の役割の明確化を図っており，事業リスク総括部を責任部門として，経営幹部・事業部門・コーポレート部門の三者が一体となって事業リスクマネジメントに取り組んでいる。

　なお，以下「(3) 主要なリスク」の①から⑥までの各項目のア．において，各項目に関して当社グループがあらかじめ講じている具体的な対応策を例示しているが，当社グループは，これらに限らず，主要リスク以外のものも含め，各種リスクの類型や性質に応じて，リスクを回避・低減するための取組みを進めるとともに，①から⑥までの各項目の「イ．経営成績等の状況に与えうる影響」等のリ

---

point **生産及び販売の状況**

　生産高よりも販売高の金額の方が大きい場合は，作った分よりも売れていることを意味するので，景気が良い，あるいは会社のビジネスがうまくいっていると言えるケースが多い。逆に販売額の方が小さい場合は製品が売れなく，在庫が増えて景気が悪くなっていると言える場合がある。

スクが顕在化した場合の影響の最小化に努めている。

（3）　主要なリスク ··

①　事業環境の変化 ···

ア．当社グループを取り巻く事業環境の悪化

　　当社グループを取り巻く事業環境は，非常に速いスピードで変化している。例えば世界経済に関しては，米中対立に加え，ロシアのウクライナへの侵略に伴う世界経済の分断の進展，国家安全保障強化の機運の高まり，デジタルデバイスやデータなどの分野における越境規制による覇権争いの先鋭化，資源価格をはじめとする諸物価の高騰，為替レートの急激な変動といった経済環境の変化が生じている。また，我が国においては，社会構造の変化として，人口減少・少子高齢化の一層の進展による人材不足の深刻化，廃業の増加，技術・技能の断絶，製造現場の空洞化等が懸念されている。さらには，全世界的に経済発展と環境負荷低減の両立が社会的な課題となっており，様々な分野で環境規制が強化されている。特にエネルギー分野では，新興国経済の発展や電気自動車の普及等をはじめとした電化の進展により，今後，世界の電力需要はますます伸びていく一方，燃料価格の高騰とともに地球温暖化を契機とした脱炭素化の一層の浸透など，当社グループの置かれている環境は，大きく変化している。

　　当社グループでは，これらの事業環境の変化に対応すべく，研究開発や設備投資を通じて，性能・信頼性・価格・環境対応等に関する製品競争力の維持・強化を図ることを前提としつつ，社外の知見も取り入れて市場の動きを先取りした新たな機能やソリューションの提案に注力している。また，2020年4月には成長推進室を設置し，既存の事業部門では対処しにくい新しい領域の事業開拓や既存事業の組合せを通じた製品・サービスの開発を進めている。また，事業環境を踏まえて各種製品分野で企図するM&A・アライアンスに関しては，入口での審議やモニタリングといった活動により，円滑なPMI *1 の推進に向けた取組みを実践している。

　　*1 Post Merger Integration

イ．経営成績等の状況に与えうる影響

世界経済のデカップリングの進行に伴い，商談への参加，サプライヤー選定等の場面で当社グループの事業活動に制約が生じた場合や，為替レートの急激な変動，原材料価格の高騰，あるいは我が国における人材不足の深刻化や製造現場の空洞化等により当社グループの競争力の維持が困難又は低下することとなった場合には，当社グループの経営成績等の状況に重要な影響を与える可能性がある。環境規制に関しては，火力発電システムや自動車向けターボチャージャ，化学プラント関連のエンジニアリングなどの事業において，環境意識の高まりによって，製品・サービスの需要が減少し，事業規模が縮小する可能性や投下資本の回収が困難となる可能性がある。また，火力発電システム事業は，化石燃料由来の電力需要の激減，競合他社との競争激化やこれに伴う競合他社によるサービス商談獲得の影響も考えられ，これらにより受注が減少するおそれがある。環境規制の強化や燃料価格高騰といった事業環境の変化を踏まえ，顧客が自らの判断で火力発電プラントなどの営業運転を停止することとした場合には，これに伴うサービス事業の停滞等により，当社グループの経営成績等の状況に重要な影響を与える可能性がある。事業計画策定時の想定を超えて更に各種環境規制が厳格化され，これへの対応に課題が生じた場合には，市場競争力の低下や受注機会の逸失等により，当社グループの事業計画の推進に影響を与えるおそれがある。加えて，当社グループは，各種製品事業において，他社とのM&A・アライアンスを行っているが，市場環境の変化，事業競争力の低下，他社における経営戦略の見直し，その他予期せぬ事象を理由として，これらのM&A・アライアンス対象事業が目論見どおり進捗しない場合，資産の評価見直しによって減損損失等を計上する可能性があるなど，当社グループの経営成績等の状況に重要な影響を与える可能性がある。

② **各種の災害** ··

ア．自然災害や戦争・テロ等の発生

地震、津波、豪雨、洪水、暴風、噴火、火災、落雷、新型コロナウイルス感染症以外の感染症の世界的流行等の自然災害の発生、その発生頻度の上昇や被害の甚大化、戦争・テロ、政情不安、反日運動、人質・誘拐等の犯罪、社

会インフラの麻痺、労働争議、停電、設備の老朽化・不具合等の人為的な要因により、様々な物的・人的被害が生じ、円滑な経済活動が阻害され、さらには社会基盤が破壊されるといった事態が考えられる。なお、自然災害については、気候変動等に伴いその影響が甚大化することが想定される。

　当社グループでは、これらの影響を低減するため、災害対策支援ツールの活用、連絡体制・事業継続計画（BCP）の策定・整備、工場の点検や設備の耐震化、各種訓練の定期的な実施に加え、適切な保険を付保するとともに、各国の情勢や安全に関する情報収集やこれを踏まえた各種対応、関連省庁との連携等を進めている。

イ．経営成績等の状況に与えうる影響

　当社グループは、製品・サービスを提供するための拠点を世界各地に有しているが、特に日本やタイなどに生産拠点が集中しているため、これらの国・地域において、大規模な地震・津波・洪水といった災害が発生した場合、当社グループの生産能力に重要な影響を及ぼす可能性がある。具体的には、生産設備の滅失・毀損、サプライチェーンの停滞・混乱、生産に必要な材料・部品等の不足やサービスの提供停止、生産拠点の操業低下・稼働停止等のほか、代替となる生産設備や取引先の喪失、損害保険等で補填されない損害の発生等の可能性がある。これらの影響に伴う受注や売上の減少等により、当社グループの経営成績等の状況に重要な影響を与える可能性がある。

　なお，ウクライナ情勢に起因するロシアへの経済制裁を受け，当社グループが遂行するロシア向け工事で中断等の影響が生じているものの，当連結会計年度において資産の評価等財政状態及び経営成績に与える影響は軽微であるが，今後の原材料価格の高騰やサプライチェーンの混乱等によって当社グループの経営成績等の状況に影響が生じる可能性は否定できない。

③　**製品・サービス関連の問題** ……………………………………………………

ア．製品・サービスに関連する品質・安全上の問題、コスト悪化等

　当社グループは，ものづくりとエンジニアリングのグローバルリーダーとして，エナジー，プラント・インフラ，物流・冷熱・ドライブシステム，航空・

---

point **主力のガスタービンで巻き返しを図る**

　販売実績をみると、「エネルギー・環境」の金額が最も大きいが，その中でもガスタービン事業が主力だ。同社は国内メーカーとして，大型ガスタービンを供給できる唯一のメーカーである。GEやシーメンスに先駆けて世界最高レベルの発電効率を誇るＪ型ガスタービンを開発しており，アジア地域ではトップシェアを維持している。

防衛・宇宙の幅広い分野で高度な技術力を活かしてソリューションを提供している。当社グループは，製品の信頼性の向上に常に努力を重ねているが，製品自体又は製品に起因して各種の問題が生じる可能性がある。また，仕様変更や工程遅延等に起因するコスト悪化，材料・部品等の調達や工事に伴う予期しない問題の発生，納期遅延や性能未達等による顧客からの損害賠償請求や契約解除，顧客の財務状況の悪化等の問題が生じる可能性がある。サプライヤーとの間でも，製品・サービスなどに起因して，同様の問題が発生する可能性がある。また，特定の材料・部品のサプライヤーと取引不能となった場合に代替調達先の手配ができないことにより，生産活動や顧客への製品・サービスの提供等に影響が生じるおそれがある。

　当社グループでは，これらのリスクに対して，各種規則の制定・運用，事業リスクマネジメント体制の整備・強化，個別案件の事前審議や受注後のモニタリング，プロジェクト遂行責任者や事業部長クラスへの教育の実施，製品安全に関する講座の継続的な開催等を行うとともに，過去に生じた大口赤字案件については，その原因や対策を総括するとともに，社内教育に反映するなど，再発防止に努めている。

イ．経営成績等の状況に与えうる影響

　このような製品・サービス関連の問題発生等を理由として，追加費用の発生，顧客への損害賠償，社会的評価及び信用の失墜等に繋がる可能性がある。また，顧客・サプライヤーやその他第三者から国内外で訴訟・仲裁を提起されることがあり，当社グループは，これらに対応している。訴訟・仲裁においては，当社グループの主張が認められるように最大限の対応を取っているものの，当社グループにとって不利な判断が下される可能性は否定できない。また，当社グループが最終的に支払うべき賠償額等の負担が，各種の保険で必ずしも補填されるとは限らない。このように製品・サービス関連の問題は，当社グループの経営成績等の状況に重要な影響を与える可能性がある。

④　**知的財産関連の紛争** ··

ア．当社グループの知的財産に対する侵害、当社グループによる第三者の

(point) **事業等のリスク**

「対処すべき課題」の次に重要な項目。新規参入により長期的に価格競争が激しくなり企業の体力が奪われるようなことがあるため，その事業がどの程度参入障壁が高く安定したビジネスなのかなど考えるきっかけになる。また，規制や法律，訴訟なども企業によっては大きな問題になる可能性があるため，注意深く読む必要がある。

知的財産に対する侵害等

当社グループは、研究開発の成果である知的財産を重要な経営資源の一つと位置づけ、グローバルに活用している。しかしながら、当社グループに対して、第三者から知的財産を侵害していると主張されるような事態が生じる可能性がある。当社グループでは、知的財産を特許権等により適切に保護し、また、第三者の知的財産を尊重し、当社グループによる侵害回避に努め、必要に応じて当該第三者から技術導入を行うなど適切な対応を取っている。具体的には、製品の基本計画・設計・製造の各段階で他者が保有する知的財産を十分に調査することによる知的財産関連の紛争の未然防止、教育・人材育成を通じた知的財産部門の専門性向上等の対策を進めている。

イ．経営成績等の状況に与えうる影響

当社グループの知的財産の利用に関して競合他社等から訴訟等を提起されて敗訴した場合、損害賠償責任を負うほか、特定の技術を利用することができなくなり、当社グループの経営成績等の状況に重要な影響を与える可能性がある。また、当社グループが事業遂行のために必要とする技術の権利を第三者が保有している場合に、当該第三者からの技術導入を受けられず、当社グループの事業遂行に支障をきたすおそれがある。

⑥ **サイバーセキュリティ上の問題** ··

ア．情報セキュリティ問題の発生等

当社グループは、事業の遂行を通じて、顧客等の機密情報及び当社グループの技術・営業他の事業に関する機密情報を保有しており、業務上も情報技術への依存度は高まっている。これに対して日々高度化・悪質化しているサイバー攻撃等が現在の想定を上回るなどして、コンピュータウイルスへの感染や不正アクセスその他の不測の事態が生じた場合には、機密情報が滅失又は社外に漏洩する可能性がある。また、サイバー攻撃等の結果、端末やサーバなどの使用に障害が出る可能性がある。

当社グループでは、これらのリスクに対して、ＣＴＯ*2直轄のサイバーセキュリティ推進体制を構築し、当社グループのサイバーセキュリティ統制（基準整

(point) **成長余力が大きいエネルギー・環境事業**

「エネルギー・環境」事業をグローバルで見た場合，日本企業がトップシェアを取る分野は必ずしも多くないが，市場規模が桁違いに大きいため，成長余力も大きい。今後技術に加えて世界で勝てるビジネスモデルを構築できれば，その成長を享受できるだろう。すでに世界中の政府や企業が仕組み・体制作りに動き出している。

備・対策実装・自己点検・内部監査）やインシデント対応等の対策を進めている。

* 2 Chief Technology Officer

イ．経営成績等の状況に与えうる影響

　　情報漏洩が生じると、当社グループの競争力の大幅な低下、社会的評価及び信用の失墜等によって当社グループの事業遂行に重大な影響が生じうる。また、当局等による調査の対象となるほか、顧客等から損害賠償請求等を受ける可能性がある。加えて、サイバー攻撃等の結果、サーバなどの使用に障害が出た場合には、業務の遂行に大きな影響が生じ、その結果生産活動や顧客への製品・サービスの提供等に影響が生じるおそれがある。このようにサイバーセキュリティ上の問題は、当社グループの経営成績等の状況に重要な影響を与える可能性がある。

⑥　**法令等の違反** ･･

ア．重大な法令等の違反

　　当社グループは，国内外の様々な法令・規制（租税法規，環境法規，労働・安全衛生法規，独占禁止法・下請代金支払遅延等防止法・反ダンピング法等の経済法規，贈賄関連法規，貿易・為替法規，建設業法等の事業関連法規，金融商品取引所の上場規程等をいい，これらを総称して以下「法令等」という。）を遵守し，役員及び従業員にも遵守させなければならず，決してリスクとリターンをトレードしてはならない厳守事項として周知と対策を徹底している。具体的には，当社グループの全ての役員・従業員を対象とした「三菱重工グループグローバル行動基準」や各種規則の制定・運用を行うとともに，コンプライアンス委員会の定期的な開催，内部通報体制の整備，法令遵守の徹底に関する経営層からのメッセージの発信，コンプライアンス・情報管理・ブランド戦略等の各種社内教育の充実と継続的な実施，各部門の課題を踏まえた内部監査等を行っている。しかし，一部の役員・従業員が法令等の違反を生じさせる可能性は完全には排除できない。

イ．経営成績等の状況に与えうる影響

　　万一法令等の違反が生じた場合、当局等による捜査・調査の対象となるほか、

(point) **景気の循環に敏感に反応**

　　三菱重工が属する機械セクターは典型的なシクリカル産業（景気の循環に敏感に反応する産業）であり，国内・国外問わず売上が景気の波に大きく左右される性質がある。したがって，同社について調べる際は，継続的に国内の民間設備投資の循環サイクルを注意深く見ることが大切だ。

当局等から過料、更正、決定、課徴金納付、営業停止、輸出禁止等の行政処分若しくはその他の措置を受け、又は当局やその他の利害関係者から損害賠償を請求されるおそれがある。さらに、法令等の違反が生じた場合には、当社グループの事業遂行が困難となるなどの影響を受ける可能性があり、また、社会的評価及び信用の失墜等に繋がるおそれがある。

　特に当社グループの事業の性質に鑑み、国内外の独占禁止法、贈賄関連法規、貿易・為替法規、建設業法、下請代金支払遅延等防止法等の違反に関しては、当社グループへの影響は一層重大なものとなる可能性がある。

　このように法令等の違反は、当社グループの経営成績等の状況に重要な影響を与える可能性がある。

3　経営者による財政状態，経営成績及びキャッシュ・フローの状況の分析

　当連結会計年度における当社グループの財政状態、経営成績及びキャッシュ・フロー（以下、「経営成績等」という。）の状況の概要並びに経営者の視点による当社グループの経営成績等に関する認識及び分析・検討内容は、次のとおりである。次の記載事項のうち将来に関する事項は、当連結会計年度末現在において判断したものである。

（1）財政状態の状況の概要及びこれに関する分析・検討内容

　当連結会計年度における当社グループの資産は、「契約資産」及び「棚卸資産」の増加等により，前連結会計年度末から3,584億71百万円増加の5兆4,748億12百万円となった。

　負債は，「社債，借入金及びその他の金融負債」及び「契約負債」の増加等により，前連結会計年度末から1,870億16百万円増加の3兆6,408億27百万円となった。

　資本は，親会社の所有者に帰属する持分が増加したことなどにより，前連結会計年度末から1,714億55百万円増加の1兆8,339億84百万円となった。

　以上により，当連結会計年度末の親会社所有者帰属持分比率は31.8％（前連結会計年度末の30.8％から＋1.0ポイント）となった。

(point) 知的財産ライセンス供与の功罪

　三菱重工はガスタービン関連の知的財産を海外企業へライセンス供与している。これは技術面で後発メーカーに追随されるリスクを高める一方で，供与先の技術力向上により販売体制を早期に構築することが可能になる。また，技術スペックが高度化し過ぎて他国で通用しない「技術のガラパゴス化」を防止することにもつながる。

(2) 経営成績の状況の概要及びこれに関する分析・検討内容 ·····················

当連結会計年度における当社グループの受注高は、航空・防衛・宇宙セグメント及びプラント・インフラセグメントが減少したものの、エナジーセグメント及び物流・冷熱・ドライブシステムセグメントが増加し、前連結会計年度を4,335億81百万円（＋10.7%）上回る4兆5,013億11百万円となった。

売上収益は、物流・冷熱・ドライブシステムセグメントをはじめ全てのセグメントで増加し、前連結会計年度を3,425億14百万円（＋8.9%）上回る4兆2,027億97百万円となった。

事業利益は、エナジーセグメントが減少したものの、航空・防衛・宇宙セグメント、プラント・インフラセグメント及び物流・冷熱・ドライブシステムセグメントが増加し、前連結会計年度を330億83百万円（＋20.6%）上回る1,933億24百万円となり、税引前利益も前連結会計年度を174億42百万円（＋10.0%）上回る1,911億26百万円となった。

また、親会社の所有者に帰属する当期利益は、前連結会計年度を169億9百万円（＋14.9%）上回る1,304億51百万円となった。

セグメントごとの経営成績は、次のとおりである。

ア．エナジー

グローバル市場が活況なGTCCや需要回復が続く航空機用エンジンが増加したことなどにより、受注高は、前連結会計年度を3,474億39百万円（＋24.1%）上回る1兆7,917億97百万円となった。

売上収益は、GTCCや航空機用エンジンが増加したことなどにより、前連結会計年度を875億89百万円（＋5.3%）上回る1兆7,386億76百万円となった。

事業利益は、航空機用エンジンやコンプレッサが増加したものの、スチームパワーが減少したことなどにより、前連結会計年度を11億8百万円（△1.3%）下回る851億60百万円となった。

イ．プラント・インフラ

機械システムが増加したものの、エンジニアリングが減少したことなどにより、受注高は、前連結会計年度を455億81百万円（△5.1%）下回る8,454

億円となった。

　　売上収益は，製鉄機械や機械システムが増加したことなどにより，前連結
会計年度を237億78百万円（＋3.6%）上回る6,756億65百万円となった。

　　事業利益は，製鉄機械や商船が増加したことなどにより，前連結会計年度
から91億50百万円（＋38.8%）上回る327億51百万円となった。

ウ．物流・冷熱・ドライブシステム

　　世界的な需要拡大を背景として物流機器や冷熱製品が増加したことなどに
より，受注高は，前連結会計年度を2,227億10百万円（＋22.4%）上回る
1兆2,150億16百万円となった。

　　売上収益は，物流機器や冷熱製品，エンジンが増加したことなどにより，
前連結会計年度を2,172億42百万円（＋22.0%）上回る1兆2,037億76
百万円となった。

　　事業利益は，価格の適正化や全体的な増収に伴う利益の増加等により，前
連結会計年度を82億62百万円（＋26.9%）上回る389億45百万円となった。

エ．航空・防衛・宇宙

　　民間航空機が増加したものの，飛しょう体が減少したことなどにより，受注
高は，前連結会計年度を705億54百万円（△9.1%）下回る7,036億94百万
円となった。

　　売上収益は，民間航空機や防衛航空機が増加したことなどにより，前連結会
計年度を141億49百万円（＋2.3%）上回る6,194億42百万円となった。

　　事業利益は，民間航空機の増収に伴う利益の増加等により，前連結会計年
度を159億49百万円（＋66.4%）上回る399億81百万円となった。

　　なお，三菱スペースジェット事業に係る当連結会計年度及び前連結会計年度
の各種財務数値は，セグメント区分を変更し「全社又は消去」へ組み替えている。

(3)　キャッシュ・フローの状況の概要及びこれに関する分析・検討内容 ………

　　当連結会計年度末における現金及び現金同等物（以下，「資金」という。）は，
前連結会計年度末に比べ334億6百万円増加し，3,476億63百万円となった。

　　当連結会計年度における各キャッシュ・フローの状況は次のとおりである。

---

point **財政状態，経営成績及びキャッシュ・フローの状況の分析**

　「事業等の概要」の内容などをこの項目で詳しく説明している場合があるため，この
項目も非常に重要。自社が事業を行っている市場は今後も成長するのか，それは世界
のどの地域なのか，今社会の流れはどうなっていて，それに対して売上を伸ばすため
に何をしているのか，収益を左右する費用はなにか，などとても有益な情報が多い。

（営業活動によるキャッシュ・フロー）

当連結会計年度における営業活動によるキャッシュ・フローは，808億88百万円の資金の増加となったが，前連結会計年度に比べ2,046億75百万円減少した。これは，収益獲得機会の拡大に伴う運転資金の増加や，「法人所得税の支払額」が増加したことなどによるものである。

（投資活動によるキャッシュ・フロー）

当連結会計年度における投資活動によるキャッシュ・フローは，455億75百万円の資金の減少となり，前連結会計年度に比べ618億81百万円支出が増加した。これは，「投資（持分法で会計処理される投資を含む）の売却及び償還による収入」が減少したことなどによるものである。

（財務活動によるキャッシュ・フロー）

当連結会計年度における財務活動によるキャッシュ・フローは，189億2百万円の資金の減少となったが，前連結会計年度に比べ2,368億71百万円支出が減少した。これは，短期借入金等の返済による支出が減少したこと及び「債権流動化等による収入」が増加したことなどによるものである。

(4) 生産，受注及び販売の状況 ．．

① 生産の実績

セグメントの名称	当連結会計年度 （自　2022年4月1日 至　2023年3月31日）	
	金額（百万円）	前連結会計年度比（％）
エナジー	1,768,010	+6.2
プラント・インフラ	648,855	+3.2
物流・冷熱・ドライブシステム	1,215,848	+17.0
航空・防衛・宇宙	639,230	+6.2
全社又は消去	13,023	―
合計	4,284,968	+8.5

（注）1. 上記金額は、大型製品については契約金額に工事進捗度を乗じた額、その他の製品については完成数量に販売金額を乗じた額を基に算出計上している。
　　　2. セグメント間の取引については、各セグメントの金額から消去している。
　　　3. 「全社又は消去」の区分は、報告セグメントに含まれない生産高である。

(point) **為替変動の影響を強く受ける構造**

　　総合重機セクターの為替の利益に与える影響は自動車に次いで大きいと言える。背景としては，国内に製造拠点が多い，あるいは海外での現地調達が難しく，日本から運んでいる材料が多い，プロジェクト1件当たりの金額が大きく，長期に渡るため，プロジェクト中に為替が大きく動くと影響額が大きくなることが考えられる。

4. 上記金額には、消費税等は含まれていない。

② 受注の実績

セグメントの名称	当連結会計年度 （自　2022年4月1日 　至　2023年3月31日）			
	受注高 （百万円）	前連結会計年度比 （%）	受注残高 （百万円）	前連結会計年度比 （%）
エナジー	1,791,797	＋24.1	3,325,682	＋6.8
プラント・インフラ	845,400	△5.1	1,509,232	＋21.4
物流・冷熱・ドライブシステム	1,215,016	＋22.4	54,815	＋26.7
航空・防衛・宇宙	703,694	△9.1	1,171,848	＋7.8
全社又は消去	△54,597	―	264	―
合計	4,501,311	＋10.7	6,061,844	＋10.4

(注) 1. 受注高については，「エナジー」，「プラント・インフラ」，「物流・冷熱・ドライブシステム」及び「航空・防衛・宇宙」にはセグメント間の取引を含んでおり，「全社又は消去」でセグメント間の取引を一括して消去している。また，「全社又は消去」の区分は，報告セグメントに含まれない受注高を含んでいる。
2. 受注残高については，セグメント間の取引を各セグメントの金額から消去しており，「全社又は消去」の区分は，報告セグメントに含まれない受注残高である。
3. 上記金額には，消費税等は含まれていない。

③ 販売の実績

セグメントの名称	当連結会計年度 （自　2022年4月1日 　至　2023年3月31日）	
	金額（百万円）	前連結会計年度比（%）
エナジー	1,738,676	＋5.3
プラント・インフラ	675,665	＋3.6
物流・冷熱・ドライブシステム	1,203,776	＋22.0
航空・防衛・宇宙	619,442	＋2.3
全社又は消去	△34,762	―
合計	4,202,797	＋8.9

(注) 1. 「エナジー」，「プラント・インフラ」，「物流・冷熱・ドライブシステム」及び「航空・防衛・宇宙」にはセグメント間の取引を含んでおり，「全社又は消去」でセグメント間の取引を一括して消去している。また，「全社又は消去」の区分は，報告セグメントに含まれない販売金額を含んでいる。
2. 最近2連結会計年度の主な相手先別の販売実績及び当該販売実績の総販売実績に対する割合は次のとおりである。なお，当連結会計年度における主な相手先別の販売実績及び当該販売実績の総販売

実績に対する割合は100分の10未満であるため記載を省略している。

相手先	前連結会計年度 （自 2021年4月1日 至 2022年3月31日）		当連結会計年度 （自 2022年4月1日 至 2023年3月31日）	
	金額（百万円）	割合（％）	金額（百万円）	割合（％）
防衛省	391,057	10.1	—	—

3. 上記金額には、消費税等は含まれていない。

(5) 資本の財源及び資金の流動性に係る情報 ·····································

ア．資金需要の主な内容

　当社グループの資金需要は，営業活動については，生産活動に必要な運転資金（材料・外注費及び人件費等），受注獲得のための引合費用等の販売費，製品競争力強化・ものづくり力強化及び新規事業立上げに資するための研究開発費が主な内容である。投資活動については，事業伸長・生産性向上及び新規事業立上げを目的とした設備投資並びに事業遂行に関連した投資有価証券の取得が主な内容である。

　今後，成長分野を中心に必要な設備投資や研究開発投資，投資有価証券の取得等を継続していく予定である。

イ．有利子負債の内訳及び使途

　2023年3月31日現在の有利子負債の内訳は下記のとおりである。

（単位：百万円）

	合計	償還1年以内	償還1年超
短期借入金	61,933	61,933	—
長期借入金	406,468	61,740	344,728
社債	215,000	15,000	200,000
小計	683,402	138,674	544,728
ノンリコース借入金	59,019	856	58,163
合計	742,422	139,530	602,891

　当社グループは比較的工期の長い工事案件が多く，生産設備も大型機械設備を多く所有していることもあり，一定水準の安定的な運転資金及び設備資金を確保

しておく必要がある。当連結会計年度においては，当社グループは継続的に資金創出に努め，事業拡大局面においても運転資金を抑制しつつ，期限の到来した借入金を返済してきた結果，当連結会計年度末の有利子負債の構成は，償還期限が1年以内のものが1,395億30百万円，償還期限が1年を超えるものが6,028億91百万円となり，合計で7,424億22百万円となった。

これらの有利子負債により調達した資金は，事業活動に必要な運転資金，投資資金に使用しており，具体的には火力発電システムのほか，物流機器・冷熱製品を含む中量産品等の伸長分野及び「2021事業計画」で掲げている成長分野が中心である。

ウ．財務政策

当社グループは，運転資金，投資資金については，まず営業活動によるキャッシュ・フローで獲得した資金を投入し，不足分について有利子負債による調達を実施している。

長期借入金，社債等による長期資金の調達については，事業計画に基づく資金需要，金利動向等の調達環境，既存借入金の償還時期等を考慮の上，調達規模，調達手段を適宜判断して実施していくこととしている。一方で，有利子負債を圧縮するため，キャッシュマネジメントシステムにより当社グループ内での余剰資金の有効活用を図っており，また，営業債権，棚卸資産の圧縮や固定資産の稼働率向上等を通じて資産効率の改善にも取り組んでいる。

自己株式については，事業計画の推進状況，当社の業績見通し，株価動向，財政状況及び金融市場環境等を総合的に勘案して取得を検討していくこととしている。

(6) 経営方針・経営戦略及び経営指標等に照らした経営成績等の分析・検討 ‥

「1 経営方針，経営環境及び対処すべき課題等 (1)経営方針・経営戦略等」に記載のとおり，当社グループは，中期経営計画「2021事業計画」において，「収益力の回復・強化」及び「成長領域の開拓」に優先的に取り組み，長期安定的に企業価値を向上させることを目指して事業を遂行している。

「2021事業計画」においては，2023年度末の目標として，「事業利益率7%」，

「ROE12％」及び「有利子負債0.9兆円維持」を設定しているところ，当連結会計年度における各財務指標の実績は「事業利益率4.6％」，「ROE7.9％」及び「有利子負債7,424億円」となり，進捗としては，収益性は概ね想定どおり，財務健全性は想定以上の改善であった。

　収益性については，昨年度に引き続き材料費・輸送費の高騰，半導体不足の影響を受けたものの，各種対策と収益力回復に向けた施策の実行及び円安影響により利益が増加し，前連結会計年度に対し事業利益率，ROEとも向上した。引き続き，価格の適正化や利益率改善などの施策を行い，2023年度末の目標達成を目指す。

　財務健全性については，キャッシュ・フローは黒字を確保し，有利子負債残高は大幅に減少させた前連結会計年度規模を維持した。

(7)　重要な会計上の見積り及び当該見積りに用いた仮定 ·······················

　当社グループの連結財務諸表は，IFRSに準拠して作成されている。この連結財務諸表の作成に当たり，見積りが必要となる事項については，合理的な基準に基づき，会計上の見積りを行っている。

　詳細については，「第5　経理の状況　1　連結財務諸表等　(1) 連結財務諸表」の注記「2．作成の基礎 (5) 見積り及び判断の利用」及び「3．重要な会計方針」に記載している。

　なお，「第5　経理の状況　1　連結財務諸表等　(2) その他　③ウクライナをめぐる国際情勢の影響」のとおり，ウクライナ情勢に起因するロシアへの経済制裁を受け，当社グループが遂行するロシア向け工事で中断等の影響が出ているが，当社は外部情報等を踏まえて，事業計画への影響の検討等を行い，資産の評価等の会計上の見積りを行っている。

■ 設備の状況

1 設備投資等の概要

　当社グループ（当社及び連結子会社）は，将来の事業展開上，積極的に対応を要する分野，技術力・競争力強化を図る分野を中心に投資を行っている。

　当連結会計年度の設備投資額（有形固定資産の計上額）のセグメント別内訳は，次のとおりである。

セグメントの名称	当連結会計年度（百万円）	前連結会計年度比（%）
エナジー	35,329	△19.7
プラント・インフラ	7,296	+47.7
物流・冷熱・ドライブシステム	62,232	+65.7
航空・防衛・宇宙	18,839	△17.9
その他・共通	18,617	+231.4
合計	142,316	23.7

(注) 1. 設備投資の主な内容は，次のとおりである。
　　　　　エナジー　　　　　　　　　　GTCC関連設備の拡充
　　　　　プラント・インフラ　　　　　製鉄機械関連設備の拡充
　　　　　物流・冷熱・ドライブシステム　物流機器関連設備の拡充
　　　　　航空・防衛・宇宙　　　　　　艦艇関連設備の拡充
　　　　　航空・防衛・宇宙　　　　　　オフィスビルの新設

2 主要な設備の状況

　当連結会計年度末における，当社グループ（当社及び連結子会社）の主要な設備は，次のとおりである。

（1） 提出会社の状況 ···

事業所名 (主たる所在地)	セグメントの名称	設備の内容	建物及び構築物 帳簿価額 (百万円)	機械装置及び運搬具 帳簿価額 (百万円)	工具、器具及び備品 帳簿価額 (百万円)	土地 面積 (千㎡)	土地 帳簿価額 (百万円)	使用権資産 帳簿価額 (百万円)	建設仮勘定 帳簿価額 (百万円)	合計 帳簿価額 (百万円)	従業員数 (人)
長崎造船所 (長崎県長崎市)	エナジー プラント・ インフラ 航空・防衛・ 宇宙	ボイラ生産 設備ほか	23,745	8,429	1,786	1,920 (2) [18]	9,089	－	791	43,840	3,083
神戸造船所 (神戸市兵庫区)	エナジー 航空・防衛・ 宇宙	原子力装置 生産設備 ほか	46,209	8,506	3,497	1,762 (21) [515]	10,966	3,314	1,120	73,612	3,461
下関造船所 (山口県下関市)	プラント・ インフラ	MHIMSBへの 貸与設備 ほか	4,809	1,151	300	504 (9) [1]	1,898	507	559	9,224	108
横浜製作所 (横浜市中区)	航空・防衛・ 宇宙	艦艇修繕設 備ほか	2,037	441	202	585 [53]	5,933	－	35	8,648	156
高砂製作所 (兵庫県高砂市)	エナジー	ガスタービ ン生産設備 ほか	22,573	48,961	3,828	1,071 (2) [15]	6,454	－	8,270	90,086	4,423
名古屋航空宇宙 システム製作所 (名古屋市港区)	航空・防衛・ 宇宙	航空機生産 設備ほか	27,601	11,237	1,325	890 (31) [23]	21,195	3,599	4,732	69,689	4,242
名古屋誘導推進 システム製作所 (愛知県小牧市)	航空・防衛・ 宇宙	誘導推進しょ う体生産設 備ほか	20,267	5,834	2,597	726 (1,185) [3]	4,869	2,824	474	36,865	1,372
広島製作所 (広島市西区)	エナジー 航空・防衛・ 宇宙	MCOへの貸与 設備ほか	18,746	1,085	166	1,364 [62]	3,248	－	7	23,252	343
三原製作所 (広島県三原市)	プラント・ インフラ	MHIENGへの 貸与設備 ほか	5,129	381	96	1,129 [25]	4,387	4	2	9,999	23
相模原製作所 (相模原市 中央区)	物流・冷熱・ ドライブ システム 航空・防衛・ 宇宙	MHIETへの貸 与設備ほか	12,040	1,582	313	529	4,479	684	118	19,216	483
名冷地区 (愛知県清須市)	物流・冷熱・ ドライブ システム	MTHへの貸与 設備ほか	1,811	39	16	170	150	－	－	2,016	4
日立工場 (茨城県日立市)	エナジー	発電機生産 設備ほか	6,150	4,964	909	437 (17) [26]	7,305	－	194	19,522	1,480
呉工場 (広島県呉市)	エナジー	排煙処理シ ステム生産 設備ほか	2,336	775	138	274	8,677	－	57	11,983	669
本社 (東京都 千代田区)			24,307	2,797	3,518	515 [179]	15,186	22,520	4,825	73,153	1,787
合計			217,760	96,182	18,691	11,877 (1,269) [920]	103,836	33,452	21,184	491,105	21,634

設備投資等の概要

セグメントごとの設備投資額を公開している。多くの企業にとって設備投資は競争力
向上・維持のために必要不可欠だ。企業は売上の数％など一定の水準を設定して毎年
設備への投資を行う。半導体などのテクノロジー関連企業は装置産業であり，技術発
展のスピードが速いため，常に多額の設備投資を行う宿命にある。

(注) 1. 面積の数値の下に付した（　）書は連結会社以外の者からの借用面積を示し，本数中に含まない。

2. 面積の数値の下に付した［　］書は連結会社以外の者への貸与面積を示し，本数中に含む。

3. 下関造船所の船舶製造に関連する資産（土地及び事務所等の共用建屋）は提出会社より連結子会社の三菱造船株式会社（MHIMSB）へ貸与している。

4. 広島製作所のコンプレッサ製造に関連する資産（土地及び事務所等の共用建屋）は提出会社より連結子会社の三菱重工コンプレッサ株式会社（MCO）へ貸与している。

5. 三原製作所の交通システム製造に関連する資産（土地及び事務所等の共用建屋）は提出会社より連結子会社の三菱重工エンジニアリング株式会社（MHIENG）へ貸与している。

6. 相模原製作所のエンジン・ターボチャージャ製造に関連する資産（土地及び事務所等の共用建屋）は提出会社より連結子会社の三菱重工エンジン＆ターボチャージャ株式会社（MHIET）へ貸与している。

7. 名冷地区の空調機器製造に関連する資産（土地及び事務所等の共用建屋）は提出会社より連結子会社の三菱重工サーマルシステムズ株式会社（MTH）へ貸与している。

8. 各帳簿価額は，IFRSに基づいて記載している。

(2) 国内子会社の状況 ···

子会社名 (主たる所在地)	セグメントの名称	設備の内容	建物及び構築物 帳簿価額 (百万円)	機械装置及び運搬具 帳簿価額 (百万円)	工具、器具及び備品 帳簿価額 (百万円)	土地		使用権資産 帳簿価額 (百万円)	建設仮勘定 帳簿価額 (百万円)	合計 帳簿価額 (百万円)	従業員数 (人)
						面積 (千㎡)	帳簿価額 (百万円)				
三菱ロジスネクスト㈱ (京都府 長岡京市)	物流・冷熱・ドライブシステム	物流機器関連設備ほか	11,512	17,911	1,231	599 (908) [2]	25,532	6,459	711	63,358	5,545
三菱原子燃料㈱ (茨城県那珂郡東海村)	エナジー	軽水炉関連設備ほか	12,852	6,203	477	232 (8) [3]	1,864	11	419	21,828	258
三菱重工航空エンジン㈱ (愛知県小牧市)	エナジー・航空・防衛・宇宙	航空エンジン生産設備ほか	3,846	6,646	2,797	－	－	－	1,814	15,105	803

(注) 1. 面積の数値の下に付した（　）書は連結会社以外の者からの借用面積を示し，本数中に含まない。

2. 面積の数値の下に付した［　］書は連結会社以外の者への貸与面積を示し，本数中に含む。

3. 各帳簿価額は，IFRSに基づいて記載している。

(point) **主要な設備の状況**

「設備投資等の概要」では各セグメントの1年間の設備投資金額のみの掲載だが，ここではより詳細に，現在セグメント別，または各子会社が保有している土地，建物，機械装置の金額が合計でどれくらいなのか知ることができる。

(3) 在外子会社の状況

子会社名 (主たる所在地)	セグメントの名称	設備の内容	建物及び構築物 帳簿価額 (百万円)	機械装置及び運搬具 帳簿価額 (百万円)	工具、器具及び備品 帳簿価額 (百万円)	土地 面積 (千㎡)	土地 帳簿価額 (百万円)	使用権資産 帳簿価額 (百万円)	建設仮勘定 帳簿価額 (百万円)	合計 帳簿価額 (百万円)	従業員数 (人)
Equipment Depot, Inc. (Texas, U.S.A.)	物流・冷熱・ドライブシステム	物流機器関連設備ほか	1,058	44,316	484	2	28	10,648	–	56,535	1,987
Mitsubishi Power Americas, Inc. (Florida, U.S.A.)	エナジー	ガスタービン生産設備ほか	19,371	8,623	9,079	99 (562)	314	3,540	1,790	42,719	2,597
Primetals Technologies, Ltd. (London, U.K.)	プラント・インフラ	製鉄機械生産設備ほか	6,682	6,260	1,491	423 (235)	2,677	11,418	1,115	29,645	6,493
Mitsubishi Logisnext Europe B.V. (Almere, The Netherlands)	物流・冷熱・ドライブシステム	物流機器関連設備ほか	1,652	21,769	–	310 (22) [2]	1,162	1,998	242	26,825	2,101
Mitsubishi Turbocharger Asia Co., Ltd. (Chonburi, Thailand)	物流・冷熱・ドライブシステム	ターボチャージャ生産設備ほか	1,528	7,770	725	–	1,173	450	198	11,846	888
Mitsubishi Heavy Industries-Mahajak Air Conditioners Co., Ltd. (Bangkok, Thailand)	物流・冷熱・ドライブシステム	エアコン生産設備ほか	2,467	2,519	2,418	117 (9)	1,898	–	2,442	11,745	2,000
Mitsubishi Logisnext Americas (Houston) Inc. (Texas, U.S.A.)	物流・冷熱・ドライブシステム	物流機器関連設備ほか	2,389	1,829	79	198 (47)	1,985	2,577	577	9,438	1,146

(注) 1. 面積の数値の下に付した（　）書は連結会社以外の者からの借用面積を示し，本数中に含まない。

　　 2. 面積の数値の下に付した［　］書は連結会社以外の者への貸与面積を示し，本数中に含む。

　　 3. 各帳簿価額は，IFRSに基づいて記載している。

(point) **現在でも原子力発電は最注力事業**

提携先として注目されるのがアレバ(Areva)だろう。アレバはフランスの原子炉メーカーであり，上場企業ではあるが9割以上の株式をフランス政府が持ち，フランスの原子力開発推進の中心的役割を担っている。三菱重工と中型原子炉の共同開発をし，東芝グループ，日立-GE連合と並び，世界の原子力発電所建設市場の大半を制している。

3 設備の新設，除却等の計画 ···

　当社グループ（当社及び連結子会社）は，多種多様な事業を国内外で行っており，その設備の新設・拡充の計画をセグメント別に開示する方法をとっている。

　当連結会計年度後1年間における設備投資計画のセグメント別の内訳は，次のとおりである。

セグメントの名称	設備の内容	投資予定金額 （百万円）	資金調達方法
エナジー	GTCC関連設備　ほか	41,000	自己資金及び借入金
プラント・インフラ	製鉄機械関連設備　ほか	8,000	同上
物流・冷熱・ドライブシステム	物流関連生産設備　ほか	50,000	同上
航空・防衛・宇宙	防衛関連生産設備　ほか	15,000	同上
その他・共通	オフィスビルの新設　ほか	56,000	同上
合計		170,000	

（注）1. 上記設備計画達成により，生産能力は着工時に比べ若干増加する見込みである。

　　　2. 経常的な設備の更新のための除・売却を除き，重要な設備の除・売却の計画はない。

提出会社の状況

1 株式等の状況

(1) 株式の総数等

① 株式の総数

種類	発行可能株式総数（株）
普通株式	600,000,000
計	600,000,000

② 発行済株式

種類	事業年度末現在発行数（株）（2023年3月31日）	提出日現在発行数（株）（2023年6月29日）	上場金融商品取引所名又は登録認可金融商品取引業協会名	内容
普通株式	337,364,781	337,364,781	東京、名古屋、福岡、札幌各証券取引所（東京はプライム市場、名古屋はプレミア市場）	権利内容に何ら限定のない当社における標準となる株式であり、単元株式数は100株である。
計	337,364,781	337,364,781	－	－

(注)「1 株式等の状況」における「普通株式」は、上表に記載の内容の株式をいう。

(point) 洋上風力発電の設備投資を積み増し

洋上風力発電市場は英国、ドイツを中心に活発化しており、欧州北海沿岸諸国では老朽石炭火力や原子力の代替エネルギーとして風力発電の導入が進んでおり、今後も大きく成長しそうだ。風力発電各社は大型機の開発に取り組んでおり、日本でも実証研究や導入計画が進んでおり、三菱重工は設備投資額を増やそうとしている。

1. 連結財務諸表及び財務諸表の作成方法について ·······························

(1) 当社の連結財務諸表は,「連結財務諸表の用語, 様式及び作成方法に関する規則」(昭和51年大蔵省令第28号) 第93条の規定により, 国際会計基準 (以下,「IFRS」という。) に準拠して作成している。

(2) 当社の財務諸表は,「財務諸表等の用語, 様式及び作成方法に関する規則」(昭和38年大蔵省令第59号。以下,「財務諸表等規則」という。) に基づいて作成している。

また, 当社は, 特例財務諸表提出会社に該当し, 財務諸表等規則第127条の規定により財務諸表を作成している。

2. 監査証明について ···

当社は, 金融商品取引法第193条の2第1項の規定に基づき, 連結会計年度 (2022年4月1日から2023年3月31日まで)の連結財務諸表及び事業年度(2022年4月1日から2023年3月31日まで) の財務諸表について, 有限責任あずさ監査法人による監査を受けている。

3. 連結財務諸表等の適正性を確保するための特段の取組み及びIFRSに基づいて連結財務諸表等を適正に作成することができる体制の整備について ··········

当社は, 連結財務諸表等の適正性を確保するための特段の取組み及びIFRSに基づいて連結財務諸表等を適正に作成することができる体制の整備を行っている。具体的には以下のとおりである。

(1) 会計基準等の内容を適切に把握し, 又は会計基準等の変更等について的確に対応することができる体制を整備するため, 公益財団法人財務会計基準機構へ加入し, また, 同機構や監査法人等の行うセミナーに参加している。

(2) IFRSの適用については, 国際会計基準審議会が公表するプレスリリースや基準書を随時入手し, 最新の基準の把握を行っている。また, IFRSに基づく適正な連結財務諸表等を作成するために, IFRSに準拠したグループ会計方針

(point) **設備の新設, 除却等の計画**

ここでは今後, 会社がどの程度の設備投資を計画しているか知ることができる。毎期どれくらいの設備投資を行っているか確認すると, 技術等での競争力維持に積極的な姿勢かどうか, どのセグメントを重要視しているか分かる。また景気が悪化したときは設備投資額を減らす傾向にある。

及び会計指針を作成し，それらに基づいて会計処理を行っている。

（1） 連結財務諸表 ···

① 連結財政状態計算書

(単位：百万円)

	注記	前連結会計年度 （2022年3月31日）	当連結会計年度 （2023年3月31日）
資産			
流動資産			
現金及び現金同等物	5, 10	314,257	347,663
営業債権及びその他の債権	6, 10 23, 34	744,466	804,613
その他の金融資産	7, 10, 34	70,952	35,382
契約資産	23, 34	654,972	731,820
棚卸資産	11, 23	798,601	876,878
その他の流動資産	20	219,875	245,943
流動資産合計		2,803,126	3,042,302
非流動資産			
有形固定資産	12, 14	790,204	839,813
のれん	13, 14	128,690	131,181
無形資産	13, 14	70,400	70,161
使用権資産	14, 17	98,255	86,295
持分法で会計処理される投資	16	212,828	227,045
その他の金融資産	7, 10, 34	487,430	521,135
繰延税金資産	15	352,261	358,758
その他の非流動資産	14, 20	173,144	198,117
非流動資産合計		2,313,214	2,432,509
資産合計		5,116,340	5,474,812

(point) **株式の総数等**

発行可能株式総数とは，会社が発行することができる株式の総数のことを指す。役員会では，株主総会の了承を得ないで，必要に応じてその株数まで，株を発行することができる。敵対的TOBでは，経営陣が，自社をサポートしてくれる側に，新株を第三者割り当てで発行して，買収を防止することがある。

（単位：百万円）

	注記	前連結会計年度 （2022年3月31日）	当連結会計年度 （2023年3月31日）
負債及び資本			
流動負債			
社債、借入金及び その他の金融負債	9, 10, 34	304,651	349,075
営業債務及びその他の債務	8, 10, 34	863,281	895,286
未払法人所得税		28,784	19,661
契約負債	23	886,551	936,765
引当金	18	203,585	229,582
その他の流動負債	20	193,865	193,791
流動負債合計		2,480,720	2,624,163
非流動負債			
社債、借入金及び その他の金融負債	9, 10, 34	773,622	843,359
繰延税金負債	15	6,217	10,465
退職給付に係る負債	19	76,824	76,146
引当金	18	62,218	60,817
その他の非流動負債	20	54,207	25,874
非流動負債合計		973,090	1,016,663
負債合計		3,453,810	3,640,827
資本	35		
資本金	21	265,608	265,608
資本剰余金	21	45,061	41,256
自己株式		△5,946	△5,385
利益剰余金	21	1,099,158	1,218,180
その他の資本の構成要素	29	172,728	221,314
親会社の所有者に帰属する 持分合計		1,576,611	1,740,974
非支配持分	29	85,918	93,010
資本合計		1,662,529	1,833,984
負債及び資本合計		5,116,340	5,474,812

---

point 連結財務諸表等

ここでは主に財務諸表の作成方法についての説明が書かれている。企業は大蔵省が定めた規則に従って財務諸表を作るよう義務付けられている。また金融商品法に従い，作成した財務諸表がどの監査法人によって監査を受けているかも明記されている。

② 連結損益計算書

（単位：百万円）

	注記	前連結会計年度 （自 2021年4月1日 至 2022年3月31日）	当連結会計年度 （自 2022年4月1日 至 2023年3月31日）
売上収益	23	3,860,283	4,202,797
売上原価		3,204,371	3,437,779
売上総利益		655,911	765,017
販売費及び一般管理費	24	556,727	623,638
持分法による投資損益	16	16,861	13,502
その他の収益（注）	25	68,972	103,710
その他の費用	25	24,777	65,267
事業利益		160,240	193,324
金融収益	27	31,907	28,984
金融費用	27	18,463	31,181
税引前利益		173,684	191,126
法人所得税費用	15	48,029	44,818
当期利益		125,654	146,308
当期利益の帰属：			
親会社の所有者		113,541	130,451
非支配持分		12,113	15,857

		前連結会計年度	当連結会計年度
1株当たり当期利益（親会社の所有者に帰属）	28		
基本的1株当たり当期利益		338.24（円）	388.43（円）
希薄化後1株当たり当期利益		338.05（円）	388.26（円）

（注）1. 注記「3. 重要な会計方針 （14）事業利益」に記載のとおり，その他の収益には受取配当金が含まれる。前連結会計年度及び当連結会計年度における受取配当金の金額は，それぞれ17,286百万円，20,627百万円である。

(point) 連結財務諸表

　ここでは貸借対照表（またはバランスシート，BS），損益計算書（PL），キャッシュフロー計算書の詳細を調べることができる。あまり会計に詳しくない場合は，最低限，損益計算書の売上と営業利益を見ておけばよい。可能ならば，その数字が過去5年，10年の間にどのように変化しているか調べると会社への理解が深まるだろう。

③ 連結包括利益計算書

	注記	前連結会計年度 （自 2021年4月1日 至 2022年3月31日）	当連結会計年度 （自 2022年4月1日 至 2023年3月31日）
当期利益		125,654	146,308
その他の包括利益			
純損益に振り替えられることのない項目			
FVTOCIの金融資産の公正価値変動額	10, 29	18,700	3,436
確定給付制度の再測定	19, 29	50,140	18,208
持分法適用会社におけるその他の包括利益	16, 29	232	815
純損益に振り替えられることのない項目合計		69,074	22,459
純損益に振り替えられる可能性のある項目			
キャッシュ・フロー・ヘッジ	29, 34	12	2,094
ヘッジコスト	29, 34	△178	185
在外営業活動体の換算差額	29	67,088	41,345
持分法適用会社におけるその他の包括利益	16, 29	6,889	7,061
純損益に振り替えられる可能性のある項目 　合計		73,812	50,688
その他の包括利益（税引後）		142,886	73,148
当期包括利益		268,540	219,456
当期包括利益の帰属：			
親会社の所有者		248,891	201,231
非支配持分		19,649	18,225

─────────────────────────────

point **ガスタービン世界トップクラスの企業に出資**

　ガスタービンで世界トップ3（シェア12％）に入るMHパワーシステムズに65％出資。2020年までにシェア30％，1位を目指す。蒸気タービン，ボイラー，発電機，原子カタービンなどの設計，製造，販売，サービスや，排煙脱硫システムや石炭ガス化複合発電（IGCC）プラント，地熱発電所，燃料電池も手掛ける。

④ 連結持分変動計算書

	注記	親会社の所有者に帰属する持分						非支配持分	資本合計
		資本金	資本剰余金	自己株式	利益剰余金	その他の資本の構成要素	合計		
2021年4月1日残高		265,608	47,265	△4,452	952,528	105,393	1,366,342	73,047	1,439,390
当期利益					113,541		113,541	12,113	125,654
その他の包括利益	29					135,349	135,349	7,536	142,886
当期包括利益合計		－	－	－	113,541	135,349	248,891	19,649	268,540
利益剰余金への振替					67,792	△67,792	－		－
自己株式の取得				△2,550			△2,550		△2,550
自己株式の処分			25	142			167		167
配当金	22				△40,313		△40,313	△7,880	△48,194
非支配持分との取引等			△1,682			△221	△1,904	69	△1,834
その他			△545	914	5,610		5,978	1,032	7,011
所有者との取引額合計		－	△2,203	△1,494	△34,703	△221	△38,622	△6,778	△45,401
2022年3月31日残高		265,608	45,061	△5,946	1,099,158	172,728	1,576,611	85,918	1,662,529
当期利益					130,451		130,451	15,857	146,308
その他の包括利益	29					70,780	70,780	2,367	73,148
当期包括利益合計		－	－	－	130,451	70,780	201,231	18,225	219,456
利益剰余金への振替					26,883	△26,883	－		－
自己株式の取得				△16			△16		△16
自己株式の処分			29	97			127		127
配当金	22				△38,616		△38,616	△6,304	△44,920
非支配持分との取引等			△958			4,689	3,731	△3,735	△4
その他			△2,877	480	303		△2,093	△1,093	△3,187
所有者との取引額合計		－	△3,805	560	△38,312	4,689	△36,868	△11,133	△48,001
2023年3月31日残高		265,608	41,256	△5,385	1,218,180	221,314	1,740,974	93,010	1,833,984

⑤ 連結キャッシュ・フロー計算書

（単位：百万円）

	注記	前連結会計年度 （自　2021年4月1日 至　2022年3月31日）	当連結会計年度 （自　2022年4月1日 至　2023年3月31日）
営業活動によるキャッシュ・フロー			
税引前利益		173,684	191,126
減価償却費、償却費及び減損損失		135,787	148,549
金融収益及び金融費用（△は益）		1,645	△2,147
持分法による投資損益（△は益）		△16,861	△13,502
有形固定資産及び無形資産売却損益 （△は益）		△37,532	△29,018
有形固定資産及び無形資産除却損		5,328	7,154
営業債権の増減額（△は増加）		△51,031	△32,978
契約資産の増減額（△は増加）		△58,722	△64,500
棚卸資産及び前渡金の増減額（△は増加）		△89,963	△65,690
営業債務の増減額（△は減少）		73,101	△55,676
契約負債の増減額（△は減少）		132,985	32,436
引当金の増減額（△は減少）		△1,120	27,285
退職給付に係る負債の増減額（△は減少）		21,969	△3,102
その他	25	△20,527	△4,691
小計		268,744	135,244
利息の受取額		5,537	7,755
配当金の受取額	25	23,627	26,898
利息の支払額		△10,559	△13,114
法人所得税の支払額		△1,786	△75,894
営業活動によるキャッシュ・フロー		285,563	80,888

	注記	前連結会計年度 （自　2021年４月１日 至　2022年３月31日）	当連結会計年度 （自　2022年４月１日 至　2023年３月31日）
投資活動によるキャッシュ・フロー			
定期預金の預入による支出		△14,033	△26,067
定期預金の払戻による収入		9,677	28,809
有形固定資産及び無形資産の取得による支出		△129,256	△131,905
有形固定資産及び無形資産の売却による収入		51,744	38,062
投資（持分法で会計処理される投資を含む）の取得による支出		△11,193	△7,788
投資（持分法で会計処理される投資を含む）の売却及び償還による収入		99,214	59,111
事業（子会社を含む）の売却による支出		△1,258	△944
事業（子会社を含む）の売却による収入		11,756	－
事業（子会社を含む）の取得による支出		－	△4,420
事業（子会社を含む）の取得による収入		4,799	1,863
短期貸付金の純増減額（△は増加）		1,660	△1,932
長期貸付けによる支出		△60	△48
長期貸付金の回収による収入		204	711
デリバティブ取引による支出		△20,754	△38,918
デリバティブ取引による収入		15,490	42,268
その他		△1,683	△4,375
投資活動によるキャッシュ・フロー		16,306	△45,575

	注記	前連結会計年度 （自　2021年4月1日 至　2022年3月31日）	当連結会計年度 （自　2022年4月1日 至　2023年3月31日）
財務活動によるキャッシュ・フロー			
短期借入金等の純増減額（△は減少）	9	△182,326	△4,532
長期借入れによる収入	9	22,330	50,966
長期借入金の返済による支出	9	△31,338	△97,656
社債の発行による収入	9	55,000	20,000
社債の償還による支出	9	△45,000	△10,000
非支配持分からの子会社持分取得による支出	9	△2,000	△24,473
自己株式の取得による支出		△2,550	△16
親会社の所有者への配当金の支払額	22	△40,224	△38,531
非支配持分への配当金の支払額		△5,501	△6,769
債権流動化等による収入	9	140,608	200,235
債権流動化等の返済による支出	9	△133,226	△80,738
リース負債の返済による支出	9	△28,154	△26,850
その他		△3,389	△534
財務活動によるキャッシュ・フロー		△255,774	△18,902
現金及び現金同等物に係る為替変動の影響額		22,740	16,995
現金及び現金同等物の増減額（△は減少）		68,836	33,406
現金及び現金同等物の期首残高	5	245,421	314,257
現金及び現金同等物の期末残高	5	314,257	347,663

【連結財務諸表注記】

1．報告企業 ……………………………………………………………

　三菱重工業株式会社（以下、「当社」という。）は日本において設立された企業である。当社の連結財務諸表は当社及びその連結子会社（以下、「当社グループ」という。）により構成されている。当社グループは「エナジー」、「プラント・インフラ」、「物流・冷熱・ドライブシステム」及び「航空・防衛・宇宙」の4つの報告セグメントを基軸として、多種多様な製品の開発、製造、販売及びサービスの提供等を行っている。

2．作成の基礎

（1）IFRSに準拠している旨

　当社グループは連結財務諸表規則第1条の2に掲げる「指定国際会計基準特定会社」の要件を満たすことから，同第93条の規定により，IFRSに準拠して連結財務諸表を作成している。

　本連結財務諸表は，2023年6月29日に当社取締役社長 泉澤清次によって承認されている。

（2）　表示通貨

　本報告書の連結財務諸表は当社の機能通貨である日本円で表示している。別段の記載がない限り、百万円を表示単位とし、単位未満の金額は切り捨てている。

（3）　測定の基礎

　当社グループの連結財務諸表は、注記「3．重要な会計方針」に記載している金融商品及び確定給付負債（資産）等を除き、取得原価を基礎として作成している。

（4）　未適用の基準書及び解釈指針

　連結財務諸表の公表の承認日までに新設又は改訂が行われた新基準書及び新解釈指針のうち，適用が強制されないため，当連結会計年度末において適用していないものは以下のとおりである。なお，これらの適用による当社グループの連結財務諸表への影響は検討中であり，現時点で見積もることはできない。

（5）　見積り及び判断の利用

　当社グループの経営者は，IFRSに準拠した連結財務諸表を作成するにあたり，会計方針の適用，資産及び負債，収益及び費用の測定並びに報告期間の末日における偶発負債の開示に関する会計上の重要な判断，見積り及び仮定の設定を行っている。見積り及び仮定は，過去の経験及び利用可能な情報を用いた経営者による最善の判断に基づいているが，将来の実績値と異なる可能性がある。見積り及び仮定は継続して見直しており，見直しによる影響は，見直しを行った期間又はそれ以降の期間において認識している。

　会計方針の適用に際して行った当社グループの連結財務諸表上で認識する金額に重要な影響を与える判断に関する情報は，以下のとおりである。

　・連結の範囲（注記「3．重要な会計方針　（1）連結の基礎」）

・開発から生じた無形資産の認識（注記「3．重要な会計方針　(8) 無形資産」）

・収益の認識（注記「3．重要な会計方針　(13) 収益」）

当社グループの連結財務諸表に重要な影響を与える可能性のある判断及び見積りとその仮定等は、以下のとおりである。

・非金融資産の回収可能価額（注記「3．重要な会計方針　(10) 非金融資産の減損」、「14．非金融資産の減損」）

・引当金の測定（注記「3．重要な会計方針　(11) 引当金」、「18．引当金」）

・確定給付制度債務の測定（注記「3．重要な会計方針　(12) 退職後給付」、「19．従業員給付」）

・収益の測定（注記「3．重要な会計方針　(13) 収益」、「23．売上収益」）

・繰延税金資産の回収可能性（注記「3．重要な会計方針　(17) 法人所得税」、「15．法人所得税」）

3．重要な会計方針 ··

(1)　連結の基礎 ···

① 子会社

子会社とは，当社グループにより支配されている企業を指す。支配とは投資先に対するパワーを有し，投資先への関与により生じるリターンの変動に晒され，かつ投資先に対するパワーを通じてリターンに影響を及ぼす能力を有している状態を意味する。

子会社の財務諸表は，支配開始日から支配終了日までの間，連結財務諸表に含めている。子会社が適用する会計方針が当社の適用する会計方針と異なる場合には，当該連結子会社の財務諸表を調整している。グループ会社間の債権債務残高，取引高及びグループ会社間取引によって発生した未実現損益は，連結財務諸表の作成にあたり消去している。

② 関連会社及び共同支配企業（持分法適用会社）

関連会社とは，当社グループが財務及び営業の方針決定に対して重要な影響力を有しているものの，支配又は共同支配を有していない企業を指す。

共同支配企業とは，契約上の取決めにより当社グループを含む複数の当事者

が共同して支配をしており，その活動に関連する財務上及び営業上の決定に際して，支配を共有する当事者の一致した合意を必要としており，かつ，当社グループが当該取決めの純資産に対する権利を有している企業を指す。

関連会社及び共同支配企業への投資は，持分法を適用して会計処理している（以下，「持分法適用会社」という。）。持分法適用会社に関するのれんは投資の帳簿価額に含めており，償却していない。持分法適用会社に対する投資が減損している可能性が示唆されている場合には，投資全体の帳簿価額（のれんを含む）について，単一の資産として減損の評価を行っている。

なお，持分法の適用に際し，持分法適用会社となる関連会社又は共同支配企業が適用する会計方針が当社グループの適用する会計方針と異なる場合には，当該関連会社又は共同支配企業の財務諸表を調整の上，持分法を適用している。また，持分法適用会社の一部は，共同出資者の意向等により，決算日を当社グループの決算日に統一することが実務上不可能である。このような会社については，決算日の差異により生じる期間の重要な取引又は事象については必要な調整を行った上で持分法を適用している。

(2) 企業結合 ……………………………………………………………………

企業結合は，取得法を適用して会計処理している。取得対価は，被取得企業の支配と交換に譲渡した資産，引き受けた負債及び当社グループが発行する資本持分の取得日の公正価値の合計として測定される。取得に直接起因する取引費用は，発生時に費用として処理し，被取得企業における識別可能資産及び負債は，取得日の公正価値で認識している。

のれんは，取得日時点で測定した被取得企業に対する取得対価の公正価値から，取得日時点における識別可能な取得資産及び引受負債の純認識額を控除した額として測定している。取得対価の公正価値が取得資産及び引受負債の純認識額よりも小さかった場合には，純利益として認識している。当該企業結合にあたって，当社グループから移転した企業結合の対価に，条件付対価契約から生じる資産又は負債が含まれる場合，条件付対価は，取得日の公正価値で測定され，上述の取得対価の一部として含まれる。

(point) 風力発電のトップメーカーと合弁

三菱重工の技術力を生かしてデンマークのヴェスタスと合弁会社を作り，急成長が期待される洋上風力発電設備市場でトッププレイヤーとなることを目指すようだ。新会社は洋上風力発電設備事業を分割・集約して，その開発から販売・アフターサービスまで全てを手掛ける。

非支配持分の測定は，主として，被取得企業の識別可能純資産に対する非支配持分の比例割合に基づく方法を採用している。

(3)　外貨換算

　外貨建取引は，取引日の為替レート又は当該レートに近似するレートで当社及び当社の子会社の機能通貨に換算している。

　報告期間の末日における外貨建貨幣性資産及び負債は，報告期間の末日の為替レートで換算している。換算又は決済により生じる為替差額は純損益として認識している。ただし，後述するFVTOCIの金融資産から生じる換算差額については，その他の包括利益として認識している。

　在外営業活動体の資産及び負債については報告期間の末日の為替レート，収益及び費用については為替レートの著しい変動がない限り，期中平均為替レートを用いて日本円に換算している。

　在外営業活動体の財務諸表の換算から生じる為替差額はその他の包括利益で認識している。なお，在外営業活動体の処分時には，その他の資本の構成要素に認識した累積的換算差額を純損益に振替えている。

(4)　金融商品

　金融商品は，当社グループが金融商品の契約当事者となった日に認識している。なお、通常の方法で購入した金融資産は取引日において認識している。

① 　非デリバティブ金融資産

　非デリバティブ金融資産のうち，負債性金融商品については，すべて以下の要件を満たすため償却原価で測定している。

・契約上のキャッシュ・フローを回収するために金融資産を保有することを目的とする事業モデルに基づいて金融資産が保有されている。

・金融資産の契約条件により，元本及び元本残高に対する利息の支払のみであるキャッシュ・フローが特定の日に生じる。

　償却原価で測定する金融資産は、当初認識後、実効金利法を適用した償却原価により測定している。

(point) 世界中を網羅するビジネスを展開

　　全世界でまんべんなく事業を展開しており今後に期待が持てる。日米欧では当然のように使用されている電力だが，新興国ではまだ電力を使用できない人々も多い。こうした地域では，今後の電力需要は大きく拡大していくだろう。電力需要の拡大に対応するため，重電プラントの新設は続き，三菱重工にとっては期待が持てる。

資本性金融商品については公正価値で測定している。

　非デリバティブ金融資産は、当初認識時に、純損益を通じて公正価値で測定する場合を除き、公正価値に取引費用を加算した額で測定している。ただし、重要な金融要素を含まない営業債権は取引価格で当初測定している。

　公正価値で測定する金融資産は、純損益を通じて公正価値で測定しなければならない売買目的で保有する資本性金融商品を除き、個々の資本性金融商品ごとに、純損益を通じて公正価値で測定する（Fair Value Through Profit or Loss（以下、「FVTPL」という。））か、その他の包括利益を通じて公正価値で測定する（Fair Value Through Other Comprehensive Income（以下、「FVTOCI」という。））かを決定している。FVTOCIの金融資産に指定した場合、当該指定の事後の取消は認められていない。

　当初認識時において、FVTOCIの金融資産に指定した資産については、当初認識後の公正価値の変動額をその他の包括利益として認識している。FVTOCIの金融資産の認識を中止した場合、又は公正価値が著しく下落した場合には、その他の資本の構成要素に累積された金額を利益剰余金に振り替えている。FVTOCIの金融資産からの配当金は原則として、純損益として認識している。

　金融資産から生じるキャッシュ・フローに対する契約上の権利が消滅した場合、又は、金融資産を譲渡し、かつ、当該金融資産の所有にかかるリスクと経済価値を実質的にすべて移転している場合に、当該金融資産の認識を中止している。

② 非デリバティブ金融負債

　非デリバティブ金融負債は、償却原価で測定される金融負債に分類している。償却原価で測定される金融負債は、当初認識時に、公正価値から取引費用を控除した額で測定している。

　当初認識後は、実効金利法を適用した償却原価により測定している。

　非デリバティブ金融負債の契約中に特定された債務が免責、取消し、又は失効となった場合、非デリバティブ金融負債の認識を中止している。

③ デリバティブ取引及びヘッジ会計

　当社グループは、為替リスク、金利リスク及び価格変動リスクをヘッジする

目的で、為替予約、通貨スワップ契約、金利スワップ契約、先渡契約等のデリバティブを利用している。

　デリバティブ取引は，契約が締結された日の公正価値で当初認識し，関連する取引費用は発生時に費用として認識している。当初認識後は，公正価値で測定し，キャッシュ・フロー・ヘッジのヘッジ手段として指定する場合を除き，公正価値の変動額を純損益として認識している。ヘッジ会計の適用にあたっては，ヘッジ開始時に，ヘッジ関係，リスク管理目的及び戦略について，公式に指定並びに文書化を行っている。当該文書には，ヘッジ手段，ヘッジ対象，ヘッジするリスクの性質，及びヘッジの有効性を判定する方法が記載されており，ヘッジ関係が将来に向けて有効であるかどうかを継続的に評価している。

　当社グループでは，ヘッジ会計の要件を満たすデリバティブ取引について，次のように会計処理を行っている。

（ⅰ）　公正価値ヘッジ

　　公正価値ヘッジとして指定したデリバティブ取引の公正価値の変動は、ヘッジされたリスクに対応するヘッジ対象資産又は負債の公正価値の変動とともに、純損益で認識している。

　　なお、FVTOCIの金融資産に指定した資本性金融商品をヘッジ対象とした場合のヘッジ手段に指定したデリバティブ取引及びヘッジ対象資産の公正価値変動については、その他の包括利益として認識している。

（ⅱ）　キャッシュ・フロー・ヘッジ

　　キャッシュ・フロー・ヘッジにおけるヘッジ手段として指定したデリバティブ取引の公正価値の変動額のうち、有効部分はその他の包括利益として認識し、非有効部分は直ちに純損益として認識している。

　　なお、通貨スワップ契約にキャッシュ・フロー・ヘッジを適用する場合には、通貨ベーシス・スプレッドを除く部分をヘッジ手段として指定し、通貨ベーシス・スプレッド部分に関しては、公正価値の変動額を、ヘッジコストとして、その他の包括利益を通じてその他の資本の構成要素に認識している。その他の資本の構成要素に累積されたキャッシュ・フロー・ヘッジは、ヘッジ対象のキャッシュ・フローが損益に影響を及ぼす期間と同一の期間におい

(point) **係争中の訴訟で巨額賠償を求められる恐れ**

　　米国サザンカリフォルニアエジソン社は，サンオノフレ原子力発電所において三菱重工が設計・製作した蒸気発生器の欠陥について，三菱重工に損害賠償を請求している。請求額は数十億ドル規模とも報道され，三菱重工が契約したときに結んだ責任上限額（約1億3700万ドル）を上回る可能性がある。大手原発メーカーは国内で原発新増設

て、純損益に振り替えている。ただし、ヘッジ対象が非金融資産の取得である場合、非金融資産の当初の取得原価の修正として処理している。

また、期間に関連したヘッジ対象をヘッジする目的で実施したデリバティブ取引についてヘッジコストを認識した場合には、その他の資本の構成要素に累積されたヘッジコストの累計額を、ヘッジ手段からのヘッジ調整が純損益に影響を与える可能性のある期間にわたって、規則的かつ合理的な基準で純損益に振り替えている。

なお、予定取引の発生が高いとは言えなくなった場合、ヘッジ会計を中止し、さらに発生が見込まれなくなった場合には、その他の資本の構成要素に累積された金額を純損益に振り替えている。

④ 金融資産の減損

償却原価で測定する金融資産については，報告期間の末日ごとに，当該資産に係る信用リスクが当初認識時点から著しく増加しているかどうかを判定している。著しく信用リスクが増加している場合には，全期間の予想信用損失と同額の損失評価引当金を認識し，著しい信用リスクの増加が認められない場合には，12か月の予想信用損失と同額の損失評価引当金を認識している。ただし，営業債権及び契約資産については，信用リスクの当初認識時点からの著しい増加の有無にかかわらず，全期間の予想信用損失と同額で損失評価引当金を認識している。

信用リスクの著しい増加を示す客観的証拠としては，債務者による支払不履行又は滞納，当社グループが債務者に対して，そのような状況でなければ実施しなかったであろう条件で行った債権の回収期限の延長，債務者又は発行企業が破産する兆候等が上げられる。なお，損失評価引当金の繰入額は，純損益で認識している。

(5) 現金及び現金同等物 ···

現金及び現金同等物は、手許現金、随時引き出し可能な預金及び容易に換金可能であり、かつ、価値の変動について僅少なリスクしか負わない短期投資からなる。短期投資とは、取得日から3ヶ月以内に償還期限の到来するものを指す。

が困難となる中，政府の後押しを受けて海外ビジネスに活路を求めている。今回，巨額賠償金を払うことになれば業界全体にとってネガティブだ。

(6) 棚卸資産 ···

棚卸資産は，原価と正味実現可能価額のうちいずれか低い金額で測定している。原価とは購入原価，加工費，及び棚卸資産が現在の場所と状態に至るまでに発生したすべての費用を含めた金額である。正味実現可能価額とは，通常の営業過程における見積売価から，完成までの見積原価及び販売に要する見積費用を控除した金額である。

棚卸資産の評価方法は以下のとおりである。

商品及び製品　　　　主として移動平均法
仕掛品　　　　　　　主として個別法
原材料及び貯蔵品　　主として移動平均法

(7) 有形固定資産 ···

有形固定資産は，原価モデルを採用し，取得原価から減価償却累計額及び減損損失累計額を控除した額で表示している。取得原価には資産の取得に直接関連する費用及び解体，除去及び設置していた場所の原状回復費用を含めている。土地等の償却を行わない資産を除き，有形固定資産は見積耐用年数にわたり，定額法で減価償却を行っている。

主な有形固定資産の見積耐用年数は以下のとおりである。

主な有形固定資産の見積耐用年数は以下のとおりである。

建物及び構築物　　　　２年～60年
機械装置及び運搬具　　２年～20年
工具，器具及び備品　　２年～20年

減価償却方法，見積耐用年数及び残存価額は，連結会計年度末において見直しを行い，必要に応じて改定している。

(8) 無形資産 ···

無形資産については，原価モデルを採用し，無形資産を取得原価から償却累計額及び減損損失累計額を控除した金額で表示している。無形資産の償却は，見積耐用年数にわたって定額法で償却している。主な無形資産の見積耐用年数は以下

のとおりである。

ソフトウェア	3年～10年
企業結合で認識した技術	7年～25年
企業結合で認識した顧客関係	2年～25年
その他	3年～15年

耐用年数を確定できない無形資産については，取得原価から減損損失累計額を控除した金額で表示している。

当社グループの開発活動で発生した費用は，以下のすべての条件を満たしたことを立証できる場合にのみ，資産計上している。

・使用又は売却できるように無形資産を完成させることの技術上の実行可能性
・無形資産を完成させ，さらにそれを使用又は売却するという企業の意図
・無形資産を使用又は売却できる能力
・無形資産が蓋然性の高い将来の経済的便益を創出する方法
・無形資産の開発を完成させ，さらにそれを使用又は売却するために必要となる，適切な技術上，財務上及びその他の資源の利用可能性
・開発期間中の無形資産に起因する支出を，信頼性をもって測定できる能力

なお，上記の資産計上の要件を満たさない開発費用及び研究活動に関する支出は，発生時に費用処理している。償却方法，見積耐用年数及び残存価額は，連結会計年度末において見直しを行い，必要に応じて改定している。

(9) リース

① 貸手としてのリース

契約上，資産の所有に伴う実質的なすべてのリスクと経済価値を借手に移転するリースは，ファイナンス・リースとして分類している。ファイナンス・リース以外のリースは，オペレーティング・リースとして分類している。

ファイナンス・リースに基づく借手からの受取額は，リースに係る純投資額を「営業債権及びその他の債権」として計上し，未獲得利益はリース期間にわたり純投資額に対して一定の利子率で配分し，その帰属する年度に認識している。オペレーティング・リースに係る受取リース料は，リース期間にわたり定

額法で認識している。

② 借手としてのリース

借手としてのリースは，原則としてオンバランス処理することとし，リース開始日において，原資産を使用する権利を表す使用権資産と，リース料を支払う義務を表すリース負債を認識している。当社グループでは使用権資産とリース負債を次のとおり測定している。

なお，残存リース期間が12ヶ月以内の短期リース及び原資産が少額のリースについては，認識の免除規定を適用している。

（ⅰ）使用権資産

使用権資産は，リース負債の当初測定額に，当初直接コスト，前払リース料等を調整した取得原価で測定している。当初認識後は原価モデルを適用し，減価償却累計額及び減損損失累計額を控除した額で測定している。

なお，使用権資産は耐用年数又はリース期間の終了時のいずれか短い期間にわたり定額法にて償却している。

（ⅱ）リース負債

リース負債は，リース開始日における未払リース料の現在価値で測定している。現在価値の算定に用いる割引率は，リースの計算利子率を適用しているが，計算利子率を容易に算定できない場合には当社グループの追加借入利子率を用いている。なお，各契約に原資産を購入するオプションやリース期間の延長，解約のオプションが付与されていて，そのオプションを行使する見通しに変化が生じた場合には，リース負債を再測定している。

当社グループは，連結財政状態計算書において，「使用権資産」は他の資産とは区分して表示し，リース負債は「社債，借入金及びその他の金融負債」に含めて表示している。

（10） 非金融資産の減損 ………………………………………………………………

有形固定資産及び無形資産等については，報告期間の末日に減損の兆候の有無を判定している。減損の兆候がある場合には，当該資産の回収可能価額を見積もり，減損テストを行っている。のれん及び耐用年数を確定できない無形資産につ

いては，年に一度定期的に減損テストを行うほか，減損の兆候がある場合にはその都度，減損テストを行っている。

回収可能価額は，資産又は資金生成単位の処分費用控除後の公正価値と使用価値のいずれか高い金額としている。使用価値は，資産又は資金生成単位から生じると見込まれる将来キャッシュ・フローの現在価値として算定している。資金生成単位は，他の資産又は資産グループのキャッシュ・インフローから概ね独立したキャッシュ・インフローを生成する最小の識別可能な資産グループであり，個別の資産について回収可能価額の見積りが不可能な場合に，当該資産が属する資金生成単位の回収可能価額を算定している。資産又は資金生成単位の回収可能価額が帳簿価額を下回った場合，資産又は資金生成単位の帳簿価額を回収可能価額まで減額している。

また，のれんを除く減損損失を認識した非金融資産については，減損損失が戻入れとなる可能性について，報告期間の末日に再評価を行っている。

（11）　引当金

過去の事象の結果として，現在の法的債務又は推定的債務が存在し，当該債務を決済するために経済的便益をもつ資源の流出が必要となる可能性が高く，その債務の金額を信頼性をもって見積もることができる場合，引当金を認識している。

その際，債務の決済までの期間が長期となると想定され，貨幣の時間価値が重要な場合には，決済時に予測される支出額の現在価値により引当金を測定している。また，当社グループが引当金を決済するために必要な支出の一部又は全部の補填を期待できる時には，補填の受取りがほぼ確実な場合に限り，補填は別個の資産として認識している。

なお，引当金の繰入と外部からの補填を同じ報告期間において認識した場合には，連結損益計算書においては，両者を純額で表示している。

（12）　退職後給付

当社グループは，従業員の退職後給付制度として，退職一時金及び年金制度を設けている。これらの制度は確定給付制度と確定拠出制度に大別される。それぞ

(point) **財務諸表**

この項目では，連結ではなく単体の貸借対照表と，損益計算書の内訳を確認することができる。連結＝単体＋子会社なので，会社によっては単体の業績を調べて連結全体の業績予想のヒントにする場合があるが，あまりその必要性がある企業は多くない。

れの制度に係る会計方針は次のとおりである。

① 確定給付制度

確定給付制度については，制度ごとに，従業員が過年度及び当年度において提供したサービスの対価として獲得した将来給付額を見積もり，確定給付制度債務の現在価値を算定する。そして当該債務の決済に用いられる制度資産の公正価値を控除した金額を確定給付負債（資産）として認識している。この計算における資産計上額は，制度からの返還又は将来掛金の減額という利用可能な将来の経済的便益の現在価値を上限としている。確定給付制度債務の現在価値は，予測単位積増方式により算定しており，割引率は将来の給付支払の見積り時期に対応した連結会計年度末における優良社債の市場利回りを参照して決定している。

勤務費用及び確定給付負債（資産）の純額に係る純利息費用は純損益として認識し，確定給付負債（資産）の再測定はその他の包括利益として認識し，直ちに利益剰余金に振替えている。

② 確定拠出制度

確定拠出制度の退職給　付に係る掛金は，従業員がサービスを提供した時点で費用として純損益で認識している。

（13） 収益 ···

当社グループでは，IFRS第9号に基づく利息及び配当収益等を除き，以下の5ステップアプローチに基づき，顧客への財やサービスの移転との交換により，その権利を得ると見込む対価を反映した金額で収益を認識している。

ステップ1：顧客との契約を識別する。

ステップ2：契約における履行義務を識別する。

ステップ3：取引価格を算定する。

ステップ4：取引価格を契約における別個の履行義務へ配分する。

ステップ5：履行義務を充足した時点で（又は充足するに応じて）収益を認識する。

収益は，経済的便益が当社グループに流入する可能性が高く，その金額が信頼性をもって測定できる範囲において，その支払を受ける時点にかかわらず認識し，

契約上の支払条件を考慮の上，税金控除後の受領した又は受領可能な対価の公正価値で測定している。

　また，顧客との契約獲得のための増分コスト及び契約に直接関連する履行コストのうち，回収可能であると見込まれる部分について資産として認識し，その後関連する財やサービスの顧客への移転に合わせて規則的に償却している。契約獲得のための増分コストとは，顧客との契約を獲得するために発生したコストで，当該契約を獲得しなければ発生しなかったであろうものを指す。

　当社グループの収益認識の要件は以下のとおりである。

① 　製品の販売

　　本取引においては，顧客との契約に含まれる履行義務が充足されるのは主として，引き渡しによって，対象の製品に対する支配が顧客に移転する一時点であると判断されるため，当社グループは通常，製品の引渡時点で収益を認識している。物品の販売からの収益は，顧客との契約において約束した対価から，返品，値引き，割戻し及び第三者のために回収した税金等を控除した金額で測定している。

② 　役務の提供・工事契約

　　これらの取引においては，契約対象の財又はサービスに対する支配は契約で規定された一定の期間にわたり顧客へ移転すると判断されるため，当社グループは契約ごとの総収益を算定のうえ，顧客との契約に含まれる履行義務の進捗度を測定し，これらに対応する収益を認識している。進捗度は，履行義務の充足を描写する方法により測定しており，主に，履行義務の充足のために発生したコストが，当該履行義務の充足のための予想される総コストに占める割合に基づき見積もっている。

（14）　事業利益 ……………………………………………………………………………

　連結損益計算書における「事業利益」は，当社グループの業績を継続的に比較・評価することに資する指標として表示している。

　「事業利益」は「売上収益」から「売上原価」，「販売費及び一般管理費」及び「その他の費用」を控除し，「持分法による投資損益」及び「その他の収益」を加えた

ものである。

「その他の収益」及び「その他の費用」は，受取配当金，固定資産売却損益，固定資産減損損失等から構成されている。当社グループが保有する株式及び出資金のうち，他社との協業など事業運営上の必要性から長期間にわたり継続保有するものに係る受取配当金は，事業の成果として事業利益に含めて表示している。なお，受取配当金は，当社グループの受領権が確定した時点で認識している。

（15）金融収益及び金融費用 ···

「金融収益」，「金融費用」は，受取利息，支払利息，為替差損益，デリバティブ損益（その他の包括利益で認識される損益を除く）等から構成されている。受取利息，支払利息は実効金利法を用いて発生時に認識している。

（16）政府補助金 ···

政府補助金は，当社グループが以下の双方についての合理的な保証を得た時点で認識している。

・当社グループの活動，状態等が補助金受領に際しての付帯条件に反しないこと
・補助金が当社グループに支払われること

収益に関する補助金は，関連費用から補助金を控除して表示している。

（17）法人所得税 ···

法人所得税は，当期税金及び繰延税金で構成されており，企業結合の当初認識に関連するもの，直接資本又はその他の包括利益で認識されるものを除き，純損益として認識している。

当期税金は，税務当局に対する納付又は税務当局から還付が予想される金額として測定している。当該税額の算定は，報告期間の末日までに制定又は実質的に制定された税率及び税法に従って行っている。

繰延税金は，会計上の資産及び負債の帳簿価額と，関連する税務上の簿価との差額により生じる一時差異，繰越欠損金及び税額控除に関して認識している。繰延税金資産は，税務上の影響も考慮した経営施策に基づき，将来減算一時差異

及び繰越欠損金を利用できるだけの課税所得が稼得される可能性が高い範囲内で認識している。

　繰延税金負債は，原則としてすべての将来加算一時差異について認識している。ただし，子会社及び関連会社に対する投資並びに共同支配企業に対する持分に係る将来加算一時差異のうち，解消時期をコントロールでき，かつ予測可能な期間内に一時差異が解消しない可能性が高い場合には認識していない。また，のれんの当初認識において生じる将来加算一時差異についても，繰延税金負債を認識していない。

　繰延税金資産は各報告期間の末日に見直し，繰延税金資産の全額又は一部が使用できるだけの十分な課税所得が稼得されない可能性が高い部分について減額している。他方，未認識の繰延税金資産についても各報告期間の末日に再評価し，将来の課税所得により繰延税金資産が回収される可能性が高くなった場合には，回収可能な範囲内で認識している。

　繰延税金資産及び負債は，報告期間の末日までに制定又は実質的に制定されており，当該一時差異が解消すると見込まれる期間に適用されると予想される税率及び税法によって測定している。

　繰延税金資産及び負債は，当期税金資産と当期税金負債を相殺する法律上強制力のある権利を有し，かつ同一の税務当局によって同一の納税主体に課されている場合，相殺している。

　法人所得税の不確実な税務ポジションについて，税法上の解釈に基づき還付又は納付が発生する可能性が高い場合には，合理的な見積額を資産又は負債として認識している。

2 財務諸表等

(1) 財務諸表 ···

① 貸借対照表

(単位：百万円)

	前事業年度 （2022年3月31日）	当事業年度 （2023年3月31日）
資産の部		
流動資産		
現金及び預金	142,025	165,416
受取手形	54	159
売掛金	注1 176,196	注1 190,581
契約資産	354,251	340,818
商品及び製品	22,770	29,167
仕掛品	229,957	243,067
原材料及び貯蔵品	44,973	47,669
未収還付法人税等	—	11,098
前渡金	68,065	69,967
前払費用	1,360	1,966
短期貸付金	600	644
関係会社短期貸付金	3,517	32
その他	注1 124,905	注1 108,019
貸倒引当金	△76	△91
流動資産合計	1,168,602	1,208,517
固定資産		
有形固定資産		
建物（純額）	202,791	198,518
構築物（純額）	27,079	26,484
ドック船台（純額）	2,041	2,062
機械及び装置（純額）	99,678	97,254
船舶（純額）	20	34
航空機（純額）	0	0
車両運搬具（純額）	971	901
工具、器具及び備品（純額）	20,436	18,788
土地	105,990	113,175
リース資産（純額）	3,141	6,436
建設仮勘定	15,219	21,376
有形固定資産合計	477,369	485,031
無形固定資産		
ソフトウエア	3,998	4,233
施設利用権	854	782
のれん	11,306	5,139
リース資産	23	1,104
その他	172	299
無形固定資産合計	16,356	11,559
投資その他の資産		
投資有価証券	337,652	308,880
関係会社株式	688,624	673,012
出資金	1,060	1,060
関係会社出資金	47,848	85,449
長期貸付金	679	79
従業員に対する長期貸付金	15	5
関係会社長期貸付金	85,609	81,207
破産更生債権等	8,617	8,605
長期前払費用	3,533	4,720
前払年金費用	15,171	12,016
繰延税金資産	245,160	258,259
長期未収入債権等	注1 567,222	注1 580,132
その他	注1 25,125	注1 16,420
貸倒引当金	△571,470	△584,854
投資その他の資産合計	1,454,851	1,444,996
固定資産合計	1,948,577	1,941,587
資産合計	3,117,179	3,150,105

	前事業年度 （2022年3月31日）	当事業年度 （2023年3月31日）
負債の部		
流動負債		
電子記録債務	注1 31,102	注1 1,535
買掛金	注1 352,241	注1 317,453
短期借入金	注1 337,948	注1 399,585
1年内返済予定の長期借入金	80,949	51,500
1年内償還予定の社債	10,000	15,000
リース債務	1,364	3,634
未払金	注1 35,612	注1 70,265
未払費用	注1 33,183	注1 28,805
未払法人税等	14,269	—
契約負債	473,038	463,962
預り金	注1 14,942	注1 15,040
製品保証引当金	4,053	4,472
保証工事引当金	21,439	27,184
受注工事損失引当金	48,946	56,580
事業構造改善引当金	1,067	4,782
株式給付関連引当金	637	366
関係会社関連損失引当金	—	709
資産除去債務	—	0
その他	8,870	6,233
流動負債合計	1,469,666	1,467,110
固定負債		
社債	195,000	200,000
長期借入金	350,400	331,900
リース債務	注1 6,588	注1 22,285
製品保証引当金	11,287	11,512
保証工事引当金	6,890	6,163
事業構造改善引当金	9,213	4,151
株式給付関連引当金	976	1,292
退職給付引当金	35,726	19,347
債務保証損失引当金	—	3,190
PCB廃棄物処理費用引当金	2,305	1,875
環境対策引当金	7,088	7,238
関係会社関連損失引当金	3,262	1,778
資産除去債務	6,946	7,037
その他	21,093	21,694
固定負債合計	656,778	639,467
負債合計	2,126,444	2,106,578
純資産の部		
株主資本		
資本金	265,608	265,608
資本剰余金		
資本準備金	203,536	203,536
その他資本剰余金	2,055	2,063
資本剰余金合計	205,591	205,600
利益剰余金		
利益準備金	66,363	66,363
その他利益剰余金		
特定事業再編投資損失準備金	14,494	9,663
固定資産圧縮積立金	70,642	81,068
特別償却準備金	207	55
繰越利益剰余金	297,871	352,252
利益剰余金合計	449,579	509,402
自己株式	△1,450	△1,369
株主資本合計	919,329	979,242
評価・換算差額等		
その他有価証券評価差額金	74,368	64,325
繰延ヘッジ損益	△3,618	△569
評価・換算差額等合計	70,750	63,756
新株予約権	654	528
純資産合計	990,734	1,043,526
負債純資産合計	3,117,179	3,150,105

② 損益計算書

(単位：百万円)

	前事業年度 (自　2021年4月1日 至　2022年3月31日)	当事業年度 (自　2022年4月1日 至　2023年3月31日)
売上高	注1 1,233,413	注1 1,549,487
売上原価	注1 1,074,572	注1 1,326,839
売上総利益	158,840	222,647
販売費及び一般管理費		
貸倒引当金繰入額	159	13
役員報酬及び給料手当	57,506	61,639
減価償却費	5,665	9,123
研究開発費	33,783	50,716
支払手数料	25,458	28,037
引合費用	13,947	24,795
その他	20,183	36,969
販売費及び一般管理費合計	156,703	211,296
営業利益	2,137	11,351
営業外収益		
受取利息	注1 3,206	注1 4,003
受取配当金	注1 85,013	注1 80,160
為替差益	6,450	10,802
その他	4,622	8,108
営業外収益合計	99,293	103,074
営業外費用		
支払利息	※1 5,745	※1 9,476
社債利息	766	819
固定資産除却損	3,507	4,535
債務保証損失引当金繰入額	－	3,190
貸倒引当金繰入額	－	226
関係会社関連損失引当金繰入額	－	709
その他	7,391	6,161
営業外費用合計	17,410	25,118
経常利益	84,020	89,308
特別利益		
投資有価証券売却益	注1,注3 29,102	注1,注3 33,373
固定資産売却益	注1,注2 38,249	注1,注2 24,940
抱合せ株式消滅差益	38,443	1,087
特別利益合計	105,796	59,400
特別損失		
投資有価証券評価損	注4 5,833	注4 18,160
固定資産減損損失	－	注5 15,247
事業構造改善費用	－	注7 7,599
SpaceJet事業に関する損失	注6 5,338	注6 5,949
特別損失合計	11,172	46,955
税引前当期純利益	178,643	101,753
法人税、住民税及び事業税	16,061	10,940
法人税等調整額	49,840	△7,750
法人税等合計	65,901	3,190
当期純利益	112,742	98,564

③ 株主資本等変動計算書

前事業年度（自　2021年4月1日　至　2022年3月31日）

（単位：百万円）

	株主資本								
	資本金	資本剰余金			利益剰余金				
		資本準備金	その他資本剰余金	資本剰余金合計	利益準備金	その他利益剰余金			
						特定事業再編投資損失準備金	固定資産圧縮積立金	特別償却準備金	繰越利益剰余金
当期首残高	265,608	203,536	2,247	205,783	66,363	19,334	63,409	477	227,673
当期変動額									
特定事業再編投資損失準備金の取崩				－		△4,839			4,839
固定資産圧縮積立金の積立				－			11,802		△11,802
固定資産圧縮積立金の取崩				－			△4,569		4,569
特別償却準備金の取崩				－				△269	269
剰余金の配当				－					△40,421
当期純利益				－					112,742
自己株式の取得									
自己株式の処分			△192	△192					
株主資本以外の項目の当期変動額（純額）									
当期変動額合計	－	－	△192	△192	－	△4,839	7,232	△269	70,197
当期末残高	265,608	203,536	2,055	205,591	66,363	14,494	70,642	207	297,871

| | 株主資本 | | | 評価・換算差額等 | | | 新株予約権 | 純資産合計 |
	利益剰余金合計	自己株式	株主資本合計	その他有価証券評価差額金	繰延ヘッジ損益	評価・換算差額等合計		
当期首残高	377,259	△1,584	847,067	70,607	△4,878	65,729	821	913,618
当期変動額								
特定事業再編投資損失準備金の取崩	－		－					－
固定資産圧縮積立金の積立	－		－					－
固定資産圧縮積立金の取崩	－		－					－
特別償却準備金の取崩	－		－					－
剰余金の配当	△40,421		△40,421			－		△40,421
当期純利益	112,742		112,742			－		112,742
自己株式の取得	－	△8	△8					△8
自己株式の処分	－	142	△50					△50
株主資本以外の項目の当期変動額（純額）	－		－	3,760	1,260	5,020	△166	4,854
当期変動額合計	72,320	133	72,262	3,760	1,260	5,020	△166	77,116
当期末残高	449,579	△1,450	919,329	74,368	△3,618	70,750	654	990,734

当事業年度（自　2022年4月1日　至　2023年3月31日）

（単位：百万円）

	株主資本								
	資本金	資本剰余金			利益剰余金				
		資本準備金	その他資本剰余金	資本剰余金合計	利益準備金	その他利益剰余金			
						特定事業再編投資損失準備金	固定資産圧縮積立金	特別償却準備金	繰越利益剰余金
当期首残高	265,608	203,536	2,055	205,591	66,363	14,494	70,642	207	297,871
当期変動額									
特定事業再編投資損失準備金の取崩				—		△4,831			4,831
固定資産圧縮積立金の積立				—			13,493		△13,493
固定資産圧縮積立金の取崩				—			△3,067		3,067
特別償却準備金の取崩				—				△152	152
剰余金の配当				—					△38,741
当期純利益				—					98,564
自己株式の取得									
自己株式の処分			8	8					
株主資本以外の項目の当期変動額（純額）				—					
当期変動額合計	—	—	8	8	—	△4,831	10,425	△152	54,381
当期末残高	265,608	203,536	2,063	205,600	66,363	9,663	81,068	55	352,252

	株主資本			評価・換算差額等			新株予約権	純資産合計
	利益剰余金合計	自己株式	株主資本合計	その他有価証券評価差額金	繰延ヘッジ損益	評価・換算差額等合計		
当期首残高	449,579	△1,450	919,329	74,368	△3,618	70,750	654	990,734
当期変動額								
特定事業再編投資損失準備金の取崩	—		—					—
固定資産圧縮積立金の積立	—		—					—
固定資産圧縮積立金の取崩	—		—					—
特別償却準備金の取崩	—		—					—
剰余金の配当	△38,741		△38,741			—		△38,741
当期純利益	98,564		98,564			—		98,564
自己株式の取得		△16	△16					△16
自己株式の処分		97	106					106
株主資本以外の項目の当期変動額（純額）	—			△10,042	3,048	△6,993	△126	△7,120
当期変動額合計	59,823	80	59,912	△10,042	3,048	△6,993	△126	52,792
当期末残高	509,402	△1,369	979,242	64,325	△569	63,756	528	1,043,526

【注記事項】
　（重要な会計方針）
1．資産の評価基準及び評価方法 ··
（1）　有価証券 ···
　　関係会社株式（子会社株式及び関連会社株式）　移動平均法による原価法
　　その他有価証券
　　　市場価格のない株式等以外のもの
　　　　時価法（評価差額は全部純資産直入法により処理し、売却原価は移動平均
　　　　法により算定）
　　　市場価格のない株式等
　　　　移動平均法による原価法

（2）　棚卸資産 ···
　　商品及び製品　　　移動平均法による原価法（貸借対照表価額は収益性の低
　　　　　　　　　　　下に基づく簿価切下げの方法）
　　仕掛品　　　　　　個別法による原価法（貸借対照表価額は収益性の低下に
　　　　　　　　　　　基づく簿価切下げの方法）
　　原材料及び貯蔵品　移動平均法による原価法（貸借対照表価額は収益性の低
　　　　　　　　　　　下に基づく簿価切下げの方法），ただし一部新造船建造
　　　　　　　　　　　用の規格鋼材については個別法による原価法（貸借対照
　　　　　　　　　　　表価額は収益性の低下に基づく簿価切下げの方法）。

2．固定資産の減価償却の方法 ··
（1）　有形固定資産（リース資産を除く） ···
　　定額法を採用している。
（2）　無形固定資産（リース資産を除く） ···
　　定額法を採用している。
（3）　リース資産 ···
　　リース期間を耐用年数とし，残存価額を零とする定額法を採用している。

3. 引当金の計上基準 ··

（1）貸倒引当金 ··

　金銭債権の貸倒による損失に備えるため，一般債権については貸倒実績率により計上し，貸倒懸念債権等特定の債権については個別に回収可能性を検討し回収不能見込額を計上している。

（2）　製品保証引当金 ··

　工事引渡後の製品保証費用の支出に備えるため、過去の実績を基礎に将来の製品保証費用を見積もり、計上している。

（3）　保証工事引当金 ··

　工事引渡後の保証工事費の支出に備えるため，将来の保証費用を個別に見積もり，計上している。

（4）　受注工事損失引当金 ··

　受注工事の損失に備えるため，未引渡工事のうち当事業年度末で損失の発生が見込まれ，かつ，その金額を合理的に見積もることができる工事について，翌事業年度以降に発生が見込まれる損失を引当計上している。

　なお，受注工事損失引当金の計上対象案件のうち，当事業年度末の仕掛品残高が当事業年度末の未引渡工事の契約残高を既に上回っている工事については，その上回った金額は仕掛品の評価損として計上しており，受注工事損失引当金には含めていない。

（5）　事業構造改善引当金 ··

　事業構造改善に伴い発生する費用及び損失に備えるため，その発生の見込額を計上している。

（6）　係争関連損失引当金 ··

　訴訟に対する損失に備えるため，その発生の見込額を計上している。

（7）　株式給付関連引当金 ··

　役員及び幹部級管理職に対し信託を通じて当社株式を交付する制度により，当事業年度末において対象者に付与されている株式交付ポイントに対応する当社株式の価額を見積もり計上している。

(8) 債務保証損失引当金 ･･

関係会社等に対する債務保証等の偶発債務による損失に備えるため，被保証先の財政状態等を勘案して必要と認められる金額を計上している。

(9) PCB廃棄物処理費用引当金 ･･････････････････････････････････････

PCB（ポリ塩化ビフェニル）廃棄物の処理費用の支出に備えるため，処理費用及び収集運搬費用の見積額を計上している。

(10) 環境対策引当金 ･･

環境対策を目的とした支出に備えるため，その発生の見込額を計上している。

(11) 関係会社関連損失引当金 ･･････････････････････････････････････

関係会社への投資に係る損失に備えるため，当該会社の財政状態等を勘案し，必要と認められる額を計上している。

(12) 退職給付引当金 ･･

従業員の退職給付に備えるため，当事業年度末における退職給付債務及び年金資産（退職給付信託を含む）の見込額に基づき計上している。退職給付債務の算定に当たり，退職給付見込額を当事業年度末までの期間に帰属させる方法については，給付算定式基準によっている。

過去勤務費用は，一括費用処理することとしており，数理計算上の差異は，各事業年度の発生時における従業員の平均残存勤務年数による定額法により按分した額を，それぞれ発生の翌事業年度から費用処理することとしている。

なお，当事業年度末において認識すべき年金資産が，退職給付債務から未認識数理計算上の差異等を控除した額を超過する場合には，前払年金費用として投資その他の資産に計上することとしている。

4. 収益及び費用の計上基準 ･･

当社は，製品の販売及び工事の実施・役務の提供を行っている。当社の収益認識要件は以下のとおりである。

・製品の販売

本取引においては，顧客との契約に含まれる履行義務が充足されるのは主として，引き渡しによって，対象の製品に対する支配が顧客に移転する一時点である

と判断されるため，当社は通常，製品の引渡時点で収益を認識している。物品の販売からの収益は，顧客との契約において約束した対価から，返品，値引き，割戻し及び第三者のために回収した税金等を控除した金額で測定している。

・役務の提供・工事契約

　これらの取引においては，契約対象の財又はサービスに対する支配は契約で規定された一定の期間にわたり顧客へ移転すると判断されるため，当社は契約ごとの総収益を算定のうえ，顧客との契約に含まれる履行義務の進捗度を測定し，これらに対応する収益を認識している。進捗度は，履行義務の充足を描写する方法により測定しており，主に，履行義務の充足のために発生したコストが当該履行義務の充足のための予想される総コストに占める割合に基づき見積もっている。

（重要な会計上の見積り）

　会計上の見積りにより当事業年度に係る財務諸表にその額を計上した項目であって，翌事業年度に係る財務諸表に重要な影響を及ぼす可能性があるものは，次のとおりである。

1．固定資産の減損

（1）　当事業年度の財務諸表に計上した金額：

　有形固定資産及び無形固定資産等の合計　　　　　　501,311百万円

（2）　会計上の見積りの内容について財務諸表利用者の理解に資するその他の情報：

　固定資産の減損の兆候を識別した資産又は資産グループについては，割引前将来キャッシュ・フロー総額を見積もり，当該資産又は資産グループの帳簿価額と比較した上で，割引前将来キャッシュ・フロー総額が帳簿価額を下回っている場合には，減損損失を認識する。

　減損の判定にあたって行われる資産のグルーピングは，他の資産又は資産グループのキャッシュ・フローから概ね独立したキャッシュ・フローを生み出す最小の単位で行っている。

　当事業年度においては，スチームパワー事業をはじめとして，一部事業に減損の兆候があったが，減損損失の認識の要否を判定した結果，減損損失を認識していない。

当該判定に使用した割引前将来キャッシュ・フローは，過去の経験と外部から
の情報を反映し，経営者が承認した事業計画を基礎として算定している。

　事業計画は，計画値に大きな影響を与える主要な点について，経営者の考える
合理的な前提を置き，策定している。上述のスチームパワー事業の事業計画にお
いては，将来のサービス売上高の推移や固定費の削減等の主要な前提が含まれて
いる。

　なお，これらの前提が翌事業年度以降において変動する場合には，減損損失が
生じる可能性がある。

2．投資有価証券及び関係会社株式の回収可能価額
（1）　当事業年度の財務諸表に計上した金額：

　投資有価証券及び関係会社株式の合計　　　　　981,892百万円

（2）　会計上の見積りの内容について財務諸表利用者の理解に資するその他の情報：
・市場価格のない株式等以外のものについては、その時価が著しく下落したと
　きは、回復する見込みがあると認められる場合を除き、当該時価をもって貸
　借対照表価額とし、評価差額を当期の損失として認識している。

・市場価格のない株式については，取得原価をもって貸借対照表価額としてい
　るが，株式の発行会社の財政状態の悪化により当社持分相当純資産価額が著
　しく低下し，株式取得時に認識された超過収益力（のれん）や保有資産の現
　在価値等を加味した金額が取得原価の50％以下となった時には，回復可能
　性が十分な証拠によって裏付けられる場合を除いて，相当の減額を行い，評
　価差額を当期の損失として認識している。

　　過去の事業年度において，新型コロナウイルス感染症の影響による需要の
　落ち込みで収益性が低下し，当社持分相当純資産価額が株式の取得原価の
　50％以下となった関係会社があった。

　　当該関係会社株式の当事業年度末における財務諸表計上額は72,077百万
　円である。

　　当社は当該関係会社の事業計画等を基礎として回復可能性を評価した結
　果，十分な根拠によって将来的な回復が裏付けられるものとして，評価損は

認識していない。

　なお，事業計画には将来の売上高の推移及び製造用部品の内製化による外注費の削減等の主要な前提が含まれる。

　また，今後の市況の変化等により実績が事業計画を下回った場合には，翌事業年度以降に評価損の計上が必要となる可能性がある。

3．引当金
（1）　当事業年度の財務諸表に計上した金額：

貸倒引当金	584,945百万円
製品保証引当金	15,984百万円
保証工事引当金	33,347百万円
受注工事損失引当金	56,580百万円
事業構造改善引当金	8,934百万円
株式給付関連引当金	1,658百万円
関係会社関連損失引当金	2,487百万円
債務保証損失引当金	3,190百万円
PCB廃棄物処理費用引当金	1,875百万円
環境対策引当金	7,238百万円

（2）　会計上の見積りの内容について財務諸表利用者の理解に資するその他の情報：「重要な会計方針　3．引当金の計上基準」を参照。なお，受注工事損失引当金及び保証工事引当金には，連結財務諸表注記「18．引当金」に記載の過年度に引き渡したプラント設備に関連した引当金が含まれている。

4．確定給付制度債務の測定
（1）　当事業年度の財務諸表に計上した金額：前払年金費用　　12,016百万円
（2）　会計上の見積りの内容について財務諸表利用者の理解に資するその他の情報：見積りの内容は連結財務諸表の注記と同一のため，記載を省略。

5．収益の測定

（1）　当事業年度の財務諸表に計上した金額：売上高　　　1,549,487百万円
（2）　会計上の見積りの内容について財務諸表利用者の理解に資するその他の情
　　報：見積りの内容は連結財務諸表の注記と同一のため，記載を省略。

6．繰延税金資産の回収可能性
（1）　当事業年度の財務諸表に計上した金額：繰延税金資産　　258,259百万円
（2）　会計上の見積りの内容について財務諸表利用者の理解に資するその他の情
　　報：見積りの内容は連結財務諸表の注記と同一のため，記載を省略。

（会計方針の変更）
　該当事項なし。

（表示方法の変更）
　該当事項なし。

第2章

機械業界の "今" を知ろう

企業の募集情報は手に入れた。しかし，それだけでは
まだ不十分。企業単位ではなく，業界全体を俯瞰する
視点は，面接などでもよく問われる重要ポイントだ。
この章では直近1年間の運輸業界を象徴する重大
ニュースをまとめるとともに，今後の展望について言
及している。また，章末には運輸業界における有名企
業（一部抜粋）のリストも記載してあるので，今後の就
職活動の参考にしてほしい。

▶▶高い技術でつくる，産業の基礎

機械 業界の動向

　「機械」は，自動車や建設などあらゆる産業の製造に関わる業種である。船舶や航空エンジンなどを作る「重機」，建設・土木に必要な機械を作る「建設機械」，部品を加工する機械（マザーマシン）を作る「工作機械」，組み立てや溶接作業を行うロボットを作る「産業用ロボット」などがある。

❖ 重機業界の動向

　総合重機メーカーの主要6社は，造船を出発点として，そこで培ったさまざまな技術を応用展開させることで，事業を多角化してきたという経緯がある。そのため，各社の手がける製品は，発電設備や石油精製・水処理といった各種プラント，橋梁などの交通インフラ，航空・宇宙産業と多岐に渡る。世界の造船建造は減少する一方で，業界の大型再編と価格競争が激化しており，韓国では現代重工業と大宇造船海洋が統合に向け動き，中国勢も国有造船2社が合併交渉に入った。

　発電においては，再生可能エネルギー，とくに風力発電の分野では，洋上風力発電が造船の技術や設備を生かせる新市場として注目されている。また，プラント業界では，米国のシェールガスをはじめとする液化天然ガス（LNG）プラントなど，エネルギー関連の需要が世界的に拡大中であるが，依然として採算管理に問題がある。

●鉄道・航空産業にもコロナの影響も回復傾向

　鉄道各社がバブル期に導入した車両が更新時期を迎え，2020年代の日本の鉄道メーカーはその需要に応えるだけで安定して好調を維持していけると思われていた。しかし，新型コロナウイルスの影響で鉄道各社の業績は著しく悪化し，資金確保のために新規車両の発注が抑えられた。

　2023年時点でコロナの影響はほぼなくなりつつあるが，テレワーク等の

浸透で自宅作業が増え，定期券利用は元の水準には戻らない見込みだ。

　新型コロナウイルスの影響は，世界中に波及した。欧州鉄道産業連盟（UNIFE）によれば，世界の鉄道産業の市場規模は2015〜17年の平均で約20兆円としており，21〜23年まで年率2.7％で成長する見通しとしていたが，こちらもスピード減を余儀なくされている。

　国内の需要はインバウンド頼みの状態だが，欧州や北米などの設備更新の需要は順調に推移している。引き続き海外需要をうまく取り込んでいけるかが国内メーカーには問われている。

　国際的には，仏のアルストム，独のシーメンス，カナダのボンバルディアが「ビッグ3」と言われてきたが，アルストムとシーメンスは事業統合し，近年では中国の中国中車が売上高4兆円を伺う世界最大手となっている。日本では，英国での実績に加え，イタリアの車両メーカー，信号機メーカーを傘下に収めて欧州で存在感を増す日立製作所と，米国主要都市の地下鉄でシェア1位を誇る川崎重工業が業界を牽引している。

　航空機産業も格安航空会社（LCC）の普及や新興国への新規路線就航のほか，既存機の更新需要もあり成長著しかったが，鉄道以上の打撃を新型コロナウイルスにより受けることになった。感染拡大に伴う渡航制限で旅行需要が激減し，LCCを中心に破綻やキャンセルが続出。米ボーイング社や欧州エアバスは主力機で減産計画および人員削減を発表。IHIや川崎重工といった国内メーカーにもその影響が及ぶとされている。

❖ 建設機械業界の動向

　日本の建設機械会社は，米のキャタピラー社に次いで世界2位のコマツ，大型ショベルやダンプなどを幅広く手がける国内2位の日立建機のほか，フォークリフトの豊田自動織機や，ミニショベルのクボタなど，特定の分野に特化した技術によって，世界で独自の地位を確立している中堅メーカーも多く存在する。

　工場などの新設に伴って受注が増える建設機械は，景気動向の指標となる業界として，常に注目されている。日本建設機械工業会によれば，2021年度の建設機械出荷額は前年度19.4％増の3兆4768億円だった。欧米などのインフラ・住宅投資の拡大や資源価格の上昇による鉱山機械の需要があがったことが大きい。

●国交省主導のアイ・コンストラクション（建設生産性革命）

　2016年4月，国土交通省は土木工事にICT（情報通信技術）を活用する「アイ・コンストラクション（建設生産性革命）」の導入を表明した。これは，ドローンによる3次元測量やICT建機による施工などによって，建設現場の作業を効率化し，生産性を向上させる取り組みのことを指す。ICTは，建設工事の，調査・測量，設計，施工，監督，検査，維持管理というそれぞれの工程において，GPSや無線LAN，スマートフォンなどを使って入手した電子情報を活用して高効率・高精度の処理（施工）を行い，さらに各工程の処理時に得られた電子情報を他の工程で共有・活用することで，各工程はもちろん，工事全体の生産性の向上や品質の確保などを図る技術である。

　これを受けて，国内大手各社も，ICTを生かした機械やサービスの開発に力を注いでいる。コマツが提供を始めた自動運航するドローンの測量サービスは，設現場での高速データ処理技術により，ドローンが撮影した写真から3次元（3D）の測量データを約30分で生成し，工事の進捗管理に役立てるもの。そのほか，住友建機は道路舗装用機械のICT対応を，日本キャタピラーは土砂などの積載量を計測する技術や事故防止対策を訴求するなど，さまざまな提案がなされている。

❖ 工作機械業界の動向

　工作機械は「機械をつくる機械」や「マザーマシン」などと呼ばれ，プログラムに沿って金属の塊を削り，自動車や電子機器の部品や金型を作り出す。製造業には欠かせない装置であり，企業の設備投資の多寡が業績に直結する。そんな日本の工作機械産業は，少数の大手メーカーと，特殊分野で精度の高さを誇る中堅が多数を占める。

　2022年の受注額は1兆7596億円と前年比14％増と，過去2番目の高水準となった。新型コロナウイルス禍で先送りとなっていた設備需要の回復や，電気自動車の普及に伴う関連投資に加え，工程集約の自動化ニーズの高まりで需要が拡大した。

●第四次産業革命を想定した，新たな潮流

　ドイツと並んで世界トップとされる日本メーカーの技術力だが，多品種少量生産の加速，製造現場の人材不足を背景に，機械単体の性能や高信頼性だけでは優位に立つことが難しくなっている。クラウドやAI（人工知能）など，高度な通信機能で相互に情報伝達する「IoT」（Internet of Things）の波は，工作機械業界にも及んでおり，一元管理の可能な製品やサービスが次々に登場している。パッケージとして導入すれば，生産データの収集や稼働監視，状態診断などに必要なセンサやソフトウエアがすべて構築済みで提供され，ユーザーは意識することなくIoTを活用できる。

　IoTは，社会インフラの仕組みをドラスティックに変え，「第四次産業革命」を促す新技術とも言われている。2016年3月，経済産業省は日本の産業が目指す姿を示すコンセプトとして「コネクテッド・インダストリーズ（CI）」を発表した。これは，さまざまなつながりで新たな付加価値が創出される産業社会のことで，日本の強みである高い技術力や現場力を活かして，協働や共創，技能や知恵の継承を目指す。このような流れを受けて，メーカー各社は近年，IT企業と協業しIoTプラットフォームの構築・提供を進めている。業界大手のDMG森精機と日本マイクロソフト，オークマとGEデジタルが提携を発表するなど，次世代を見据えた変革が始まっている。

❖ 産業用ロボット業界の動向

　溶接や組み立て，塗装などに活用される産業用ロボットは，人間の腕のように複数の関節を持つ「多関節ロボット」と，電子部品を基板に載せる「チップマウンター（電子部品実装機）」に分類される。多関節ロボットは，国内では安川電機とファナック，海外ではスイスのABBとドイツのKUKAが，世界4強である。実装機では，パナソニックや富士機械製造が中心となっている。

　近年，IoT（モノのインターネット）やAI（人工知能）といったデジタル技術を背景に，各社とも，設備のネットワーク化，データのクラウド化などIoTプラットフォームの開発を進めている。2016年，中国の美的集団がKUKAを買収するなど，中国も国策として第四次産業革命への布石を打っている。経済産業省も「コネクテッド・インダストリーズ」戦略を打ち出し

ており，世界での競争も踏まえ，AIの活用，企業間でのデータの共有利用
など，今後の進展が期待される。

●数年に渡る好調に陰りも自動化需要は拡大

　ロボット市場は中国を中心としたアジア市場の成長が著しい。日本ロボット工業会によると，2022年の産業用ロボットの受注額は1兆1117億円と前年比3.1％増となった。世界的な半導体不足や中国景気後退の影響を受けてなおの増加であることが，成長を期待させる

　新型コロナの感染症対策として，工場内の生産ラインにロボットを導入する動きが進み，食品や医薬品などの分野でもロボットによる生産自動化の試みがひろがった。さらには人件費の高騰で人手の作業を代替する動きが加速するなど，あらたな需要が広がってきている。

　さらに物流におけるピッキング分野も伸びており，アマゾンやニトリの配送センターでは，すでにロボットが必要不可欠な存在となっている。

機械業界

直近の業界各社の関連ニュースを
ななめ読みしておこう。

バッテリー争奪戦、建機でも　コマツ・ボルボ買収相次ぐ

建設機械各社が、電動化時代に備えてバッテリーの確保を急いでいる。コマツが米バッテリーメーカーを買収するほか、スウェーデンの商用車・建機大手ボルボ・グループも別の米大手の買収を発表した。電池は電気自動車（EV）が主戦場だが、脱炭素の対応を迫られる建設業界でも争奪戦が始まっている。

コマツは20日、米バッテリーメーカーのアメリカン・バッテリー・ソリューションズ（ABS、ミシガン州）を買収すると発表した。全株式を取得し、買収額は非公表。ABSは商用車や産業用車両向けのリチウムイオン電池を開発・製造している。買収により、建機や鉱山機械の設計に最適化した電池が開発できるようになる。

「ボルボ・グループは現在の電池・電動化の工程表を完全なものにし、さらに加速させる」。ボルボは10日、経営難に陥っていたバス開発大手の米プロテラからバッテリー事業を買収すると発表した。2億1000万ドル（約310億円）を投じる。

各社がバッテリー企業を囲い込むのは、脱炭素の波が建設現場にも押し寄せているためだ。

建機の分野では、電動化がそれほど進んでいなかった。大型の機械が多いほか、高い出力を保たなくてはならないことが背景にある。建設現場は充電設備から遠いケースが多く、電動化との相性は良くない。

だが脱炭素に向けた取り組みが遅れれば、投資家や取引先から不評を買いかねない。そのため各社は急速に電動化を進めており、コマツは23年度に電動のミニショベルや中型ショベル計4種を投入する。

じつはコマツは電動建機にプロテラの電池を使っており、ボルボから仕入れる可能性もあった。建機向けの電池は仕様変更が難しく、車体側の設計を変えればコストがかさむ。ほぼ同じタイミングでABS買収を発表したコマツにとっ

ては、コスト増を回避できた側面もある。

相次ぐ買収の背景には、ディーゼルエンジンに依存していては各社の稼ぎ頭であるメンテナンス事業を失うという危機感もある。

建機各社はメンテナンス事業を重要視している。新車販売は景気の波の影響で収益が上下するが、部品販売や修理などのアフターサービスは車体が稼働している限り需要が大きく落ち込むことはないためだ。例えば、コマツでは部品販売が建機事業の4分の1を占める

脱炭素が進んでディーゼルエンジンの需要が落ち込めば、こうした安定的な収入源も減ることになる。各社は今のうちから将来の主要部品になるバッテリーを内製化することで、次世代の事業基盤を確保しようとしている。

米キャタピラーは23年に電池技術を手掛けるリソス・エナジーへの投資を発表している。日立建機は欧州でオランダの蓄電装置メーカーや伊藤忠商事と組み、運べるコンテナサイズの充電設備を工事現場に持ち込む計画だ。

欧州は建機の電動化への補助金制度があり、充電のインフラや規格整備も比較的進んでいるが、日本は支援策が不十分だとの声が上がる。コスト面で欧州勢とどう競うのかも今後の課題となる。

国土交通省は電動建機の認定制度をつくり、その後補助金などの普及促進策を整える。電動化しても電気が火力発電由来であれば二酸化炭素（CO_2）排出は大きく減らせない。日本では再生可能エネルギーが欧州よりも調達しづらく、将来の課題になりそうだ。　　　　　　（2023年11月21日　日本経済新聞）

機械受注が一進一退　7月は2カ月ぶり減、製造業低調で

内閣府が14日発表した7月の機械受注統計によると設備投資の先行指標とされる民需（船舶・電力を除く、季節調整済み）は前月比1.1％減の8449億円だった。製造業の発注が減り、前月と比べて2カ月ぶりにマイナスとなった。機械受注は一進一退の動きが続く。

業種別では製造業からの発注が5.3％減と全体を押し下げた。マイナスは3カ月ぶり。「電気機械」からの発注が23.8％減、「自動車・同付属品」が21.4％減だった。

いずれの業種も、6月に増えた反動で減少した。海外経済の不透明感から、企業が投資により慎重になっていることが響いた可能性もある。

非製造業からの発注は1.3％増えた。2カ月連続でプラスだった。建設業が

29.2%増えた。建設機械やコンベヤーなどの運搬機械の増加が寄与した。卸売業・小売業も13.3%増加した。

内閣府は全体の基調判断を9カ月連続で「足踏みがみられる」に据え置いた。

足元では企業の設備投資への意欲は高いとみられる。内閣府と財務省が13日に公表した法人企業景気予測調査では、大企業・中小企業など全産業の2023年度のソフトウエア投資も含む設備投資は、前年度比12.3%増えると見込む。第一生命経済研究所の大柴千智氏は「企業の投資意欲は旺盛で、機械受注も年度後半には緩やかな増加傾向に転じるのではないか」と指摘する。

（2023年9月14日　日本経済新聞）

ニデック、TAKISAWA買収で合意　「事前同意なし」で突破

ニデック（旧日本電産）が工作機械のTAKISAWA（旧滝沢鉄工所）を買収する見通しとなった。TAKISAWAが13日、ニデックから受けていたTOB（株式公開買い付け）の提案を受け入れると発表した。TAKISAWAは株主にTOBへの応募も推奨した。ニデックは自動車部品加工に強いTAKISAWAの旋盤を取得し、工作機械事業の「穴」を埋める。

TOBは1株あたり2600円で14日から始める。上限を設けておらず、成立すればTAKISAWAはニデックの子会社となり上場廃止になる可能性が高い。

TAKISAWAの原田一八社長は13日、本社のある岡山市内で記者会見を開き、ニデックの傘下に入ることが「当社にとってプラス」と述べた。工作機械業界の厳しい経営環境に触れ、「（単独で生き残りを図るより、工作機械でニデックが目標に掲げる）世界一を目指すほうが従業員も取引先も幸せ」と説明した。

同時にニデックとは別の1社から対抗提案を出す初期的な意向表明書を受け取ったものの、正式な提案には至らなかったと明らかにした。原田社長は秘密保持契約を理由に「詳しい話はできない」とした。

ニデックは工作機械事業の強化のため、M&A（合併・買収）を相次ぎ手掛けている。2022年1~3月にはTAKISAWAへ資本提携を持ちかけていた。その際、TAKISAWA側が協議を中断した経緯もあり、23年7月にTAKISAWAの経営陣の事前同意を得ないままTOBの提案に踏み切った。

TAKISAWAを傘下に収め、課題だった工作機械の主要品目の一つ「旋盤」を取得する。ニデックは工作機械の世界市場の機種別の内訳で約3割（ニデック調べ）を占める旋盤を製品に持っていなかった。同社の西本達也副社長は「他

の工作機械と旋盤を顧客にまとめて売れる」と話し、営業面や収益面での相乗効果を見込む。

ニデックは21年、電気自動車（EV）部品の内製化などを視野に三菱重工業から子会社を取得し工作機械事業に参入した。22年にはOKK（現ニデックオーケーケー）を買収し、工作機械を注力事業と定めた。23年にイタリア企業も買収。TAKISAWAが傘下に入れば同事業で4社目となる。

TOB価格の2600円は提案1カ月前の株価の約2倍の水準にあたる。一般にTOB価格は、買収候補企業の直近1カ月や3カ月間の平均株価に3割程度の上乗せ幅（プレミアム）をつけることが多い。今回、ニデックは10割程度のプレミアムをのせた。

当時のTAKISAWAの株価はPBR（株価純資産倍率）が0.5倍前後と割安だったため、ニデックはプレミアムを上乗せしやすい状態だった。TAKISAWAの株主が納得しやすいTOB価格が、TAKISAWAの取締役会の判断に影響したとみられる。

ニデックはTAKISAWAがTOBに反対し「同意なきままのTOB」になることも覚悟しての買収提案だった。M&A巧者のニデックが「同意なき」を辞さない姿勢をみせたことで、今後、日本で同様のケースが増えることが予想される。

海外では事前に賛同を得ないTOBは珍しくない。経済産業省の資料によれば、12～21年に日本で実施されたTOBは476件で、米国は584件。このうち「同意なきTOB」の比率は米国の17%に対し、日本は4%にとどまる。

長島・大野・常松法律事務所の玉井裕子弁護士は「米国の経営者は『同意なき買収』をされるかもしれないと、普段から高い緊張感をもっている」と指摘する。その上で経営者の緊張感が「企業価値の向上策の活発な検討につながっている可能性がある」と話す。

経産省は8月末にまとめた新たな企業買収における行動指針で、企業価値向上に資する買収提案は真摯に検討するよう求めた。東京証券取引所も今春、PBR1倍割れ企業に改善を要請した。こうした経緯を踏まえれば、TAKISAWAに対するTOB計画は、低水準のPBRを放置する日本の上場企業経営者への「警告」の側面がある。

ニデックの永守重信会長兼最高経営責任者（CEO）は「相手の了解を得て実際に買収が完了するまで平均4～5年かかる」と強調する。「M&Aの滞りが日本の新興企業の成長が遅い理由の一つだ」と語り、M&A市場の活性化が必要と説く。

（2023年9月13日　日本経済新聞）

建機電動化で認定制度　国交省、公共事業で優遇措置も

国土交通省は2023年度に、土木・建築工事などで使う建設機械の電動化に関する認定制度を新設する。国の脱炭素方針に合った電動建機の研究開発や普及を後押しするため、公共事業の発注に関する優遇措置や補助金といった支援策も検討する。海外で需要が高まる電動建機は大手メーカーが販路開拓を進めており、国際競争力の強化も狙う。

国交省は電動建機を「GX（グリーントランスフォーメーション）建機」と位置づけ、23年度の早期に暫定的な認定制度を設ける。バッテリー式や有線式の油圧ショベル、ホイールローダーを対象に認定し、購入企業などが確認できるよう公表する。

認定にあたっては電力消費量などの基準値を当面設定しないが、メーカー側に業界団体が定める方式に基づいた測定データの提出を求める。集まったデータを分析し、20年代後半にも恒久的な認定制度に移行し、詳細な基準値などを設ける。

普及への支援策も検討する。公共事業の発注で国や地方自治体が電動建機を使用する事業者に優先交渉権を与えたり、建機の購入に補助金を出したりするといった複数案がある。23～24年度にかけて支援内容を詰める。

建機の稼働による二酸化炭素（CO_2）の排出量は国内産業部門の1.4％を占める。政府は50年にCO_2排出量を実質ゼロにする方針をかかげる。産業機械の動力源転換を重要課題と位置づけ、電動建機の普及を加速させる。

電動建機は世界的な競争が激しくなっている。ノルウェーは建機の電動化に関する補助金制度を設け、その他の国でも政府による支援策が広がりつつある。現在主流の軽油を使用したエンジン式の規制が今後、強化される可能性もある。日本メーカーもコマツや日立建機といった大手各社が新型機の研究開発を進め、欧州での販売にも乗り出している。国の認定制度を通じて日本製の電動建機の品質をアピールできれば、海外での販路拡大を後押しすることにもつながる。

（2023年3月10日　日本経済新聞）

工作機械受注、23年は外需18％減へ　利上げで投資抑制

日本工作機械工業会（日工会）は26日、2023年の工作機械受注額は外需が

前年比17.8％減の9500億円となる見通しを発表した。22年の外需は米中を中心に過去最高を更新したが、主要国が金融を引き締め、企業は設備投資に慎重になっている。中国の新型コロナウイルスの感染拡大も、需要を不透明にしている。

稲葉善治会長（ファナック会長）は26日の記者会見で、「米国、欧州の金利がかなり上がっており、ジョブショップ（部品加工を受託する中小製造業者）向けは資金繰りの点から様子見になる懸念がある」と語った。

中国については「23年後半にコロナ禍が収まっていけば、スマホなどの新規需要も出てきそう」としつつ、「先行きは不透明で少し慎重にみている」と説明した。

23年の内需は6500億円と、22年実績（18.2％増の6032億円）比7.7％増を見込む。半導体不足による自動車の生産調整が徐々に緩和され、設備投資が回復する見通し。海外より遅れていた電気自動車（EV）関連の投資も本格化すると期待されている。

22年の受注額は前年比14.2％増の1兆7596億円だった。18年（1兆8157億円）に次ぐ過去2番目の高さになった。外需は1兆1563億円と、18年の1兆654億円を上回って過去最高となった。世界でEVへの移行に伴う投資が好調だった。人手不足を背景に、1台で複数の工程を集約できる機械の需要も増えた。

国・地域別では中国が5.3％増の3769億円で、2年連続で過去最高だった。パソコンやスマホなどのテレワーク関連の需要は一巡したものの、EVや生産自動化に伴う投資が続いた。北米も人手不足による自動化需要が高く、22％増の3444億円と過去最高となった。欧州は9.7％増だった。

同時に発表した22年12月の工作機械受注額は、前年同月比0.9％増の1405億円だった。内需が17.4％減の422億円、外需が11.6％増の982億円だった。米国やインドで大口受注が入り、中国も堅調だった。。

（2023年1月26日　日本経済新聞）

23年の工作機械受注、3年ぶり減少予測　投資減退を懸念

数カ月先の景気動向を示す先行指標ともいわれている工作機械受注が減速している。日本工作機械工業会は11日、2023年の工作機械受注が前年に比べ9％減の1兆6000億円になるとの見通しを示した。新型コロナウイルス禍で

落ち込んだ20年以来、3年ぶりの減少に転じる。世界的な利上げの動きなどで企業の設備投資意欲が減退する懸念が出てきた。

工作機械は金属を削って金型や部品に仕上げるのに欠かせず、あらゆる産業の「マザーマシン（母なる機械）」と呼ばれる。企業の設備投資のほか、スマートフォンなどの消費の動向を敏感に反映するため注目度が高い。

稲葉善治会長（ファナック会長）は、同日開かれた賀詞交歓会で23年の需要について「欧米などのインフレ・利上げ、中国の景気減速懸念や新型コロナの感染拡大により設備投資はしばらく落ち着いた展開となる可能性がある」と説明した。

22年の受注額は1兆7500億円前後（前年比1割増）になる見込みで、18年に次ぐ過去2番目の高水準だったが、直近は需要が減っている。月次ベースでは22年10月に前年同月比で5.5％減少と2年ぶりに前年割れに転じ、11月も7.7％減った。受注の内需のうち半導体やスマホ向けを含む電気・精密用途は11月まで3カ月連続で減った。

半導体の国際団体SEMIは12月、23年の製造装置の世界売上高が4年ぶりに減少に転じ、前年比16％減の912億ドル（約12兆700億円）になる見通しを発表した。工作機械の主要な取引先の半導体製造装置の需要が一巡している。今後はデータセンター向けの半導体需要も減速するとの見方も出ている。これまでけん引役だった半導体やスマホの引き合いが弱まり、テック企業関連の先行き不安を映している。

インフレ抑制を目的とした世界的な利上げの動きも企業の投資意欲に水を差す。米国は政策金利が5％に接近し、「（部品加工を受託する中小製造業者である）ジョブショップを中心に投資姿勢が厳しくなっている」（稲葉会長）という。利上げは投資時の金利負担の増加と消費が落ち込むとの二重の警戒感につながっている。

もっとも製造現場での人手不足を背景とした省人化のニーズは根強い。複数の工程を1台で手掛け、省人化につながる工作機械の需要は堅調だ。ロボット需要も伸びる。日本ロボット工業会は23年の受注が約1兆1500億円と前年比3.6％増えると見通す。

電気自動車（EV）への移行を背景にした投資も追い風で、省人化の投資とともに今後の需要を下支えしそうだ。「省人化や脱炭素対応への投資などを背景に、23年後半からは需要が伸びる」（オークマの家城淳社長）との声も出ていた。

（2023年1月11日　日本経済新聞）

▶労働環境

職種：機械設計　　年齢・性別：30代後半・男性

・新卒入社時の給料は月並みですが，その後の伸びは悪くないです。
・コンサルや商社のようなレベルの高給はあり得ませんが。
・30－45h／月の残業代込みと考えれば，十分高給の部類に入るかと。
・査定はほぼ年功序列で，同期入社であれば大きな差はつきません。

職種：研究開発　　年齢・性別：30代前半・男性

・有給休暇の取得は促進されており，連続15日以上の取得も可能です。
・会社側が連休を作っていて，9連休は年間4回もあります。
・休暇制度については大抵の企業よりも整っていると言えるでしょう。
　休日出勤は年に数回ある程度で，残業代は全額支払われます。

職種：海外営業　　年齢・性別：20代後半・男性

・ネームバリューもあり，体制，福利厚生面でも非常に良い環境です。
・成果に厳しいですが，チーム一丸となっている雰囲気があります。
・仕事内容は部署により違いますが，任せられる業務の幅も広いです。
・自分の個性を生かして仕事ができ，自身の成長を日々感じられます。

職種：法人営業　　年齢・性別：20代後半・男性

・上司と部下の関係はガチガチの縦社会ではなくフランクな感じです。
・基本的には，役職名ではなく，さん付け呼称があたりまえです。
・部署によっては雰囲気はかなり違うようですが。
・仕事のやり方は裁量ある任され方なので，各人の自由度は高いです。

▶ 福利厚生

職種：機械設計　　年齢・性別：30代後半・男性

・寮や社宅は築年数の当たりハズレはありますが，充実しています。
・寮や社宅は近い将来にリニューアルするという話もあります。
・社宅を出ると，住宅補助は一切出ません。
・社宅は15年，寮は30歳または5年の遅い方という年限があります。

職種：社内SE　　年齢・性別：30代後半・男性

・大企業だけあって福利厚生は充実しています。
・独身の場合30歳まで寮があり，寮費は光熱費込み約1万円です。
・既婚者には社宅があり，一般家賃相場の2割〜3割で借りられます。
・持株会があり，積立額の10〜15％を会社補助により上乗せされます。

職種：法人営業　　年齢・性別：20代後半・男性

・寮・社宅は素晴らしいの一言で，都内の一等地にあり，金額も破格。都
　内勤務だと安い社食が利用でき，社食以外だと1食500円の補助も。
・保養施設等はあまり充実していませんが，寮・社宅が補っています。
　工場勤務になると所内のイベントも数多くあります。

職種：制御設計　　年齢・性別：30代後半・男性

・古い大企業なので，独身寮や社宅等の入居費は本当に安いです。
・住宅補助が給与の低さをある程度は補ってくれています。
・関西地区には保養所もあって，皆使っているようです。
・残業については，現場によってとんでもない残業時間になる場合も。

▶仕事のやりがい

職種：研究開発　　年齢・性別：30代前半・男性

・自身の仕事が全国的なニュースに直結することが非常に多いです。
・国の威信を支える仕事に少数精鋭で携われ，やりがいを感じます。
・この会社は採用時点で部まで決定するので，配属は希望通りです。
・航空宇宙をやりたい人間にとっては最高の環境だと思います。

職種：経理　　年齢・性別：20代後半・男性

・社会インフラに携わる仕事ですので，誇りを非常に持てます。
・企業の製品が実際に動いていく所を肌で感じながら仕事ができます。
　特に乗り物好きにはたまらない環境ではないでしょうか。
・若いうちから大きな裁量を任せられるので，やる気に繋がります。

職種：空調設計・設備設計　　年齢・性別：30代前半・男性

・自分がチャレンジしたいと思う仕事に携わらせてもらえます。
・社会の要となるインフラ設備に携われて，やりがいは大きいです。
・技術力が高い企業のため，仕事をやればやるほど成長できます。
・失敗しても上司がフォローしてくれるので，好きなように働けます。

職種：機械・機構設計，金型設計（機械）　　年齢・性別：30代後半・男性

・日本の基幹産業を担い，フィールドは陸・海・空に及びます。
・周りの人の技術力も高いため，毎日とても刺激があります。
・歴史が古く，優秀な人材が集まってくるのも非常に魅力です。
・伝統的に技術者への信頼が厚いため，誇りを持って働けます。

▶ブラック？ホワイト？

職種：機械・機構設計，金型設計（機械）　年齢・性別：20代後半・男性

- ・家庭と仕事のバランスをとるのは正直難しいです。
- ・海外出張機会はわりと多く，1週間から3カ月くらいになることも。
- ・「家庭を重視する」という人は出世は難しいかもしれません。
- ・小さい子どもがいる人の負担はかなり大きいです。

職種：技能工（その他）　年齢・性別：20代後半・男性

- ・福利厚生はものすごく整っていて，充実していると思います。
- ・しかし寮に関しては，隣の部屋の声が普通に聞こえてきます。
- ・会社のイベントは半強制的なもので，参加する意欲が失せます。
- ・待遇や給料は良いのですが，工場によっては環境が劣悪な場合も。

職種：機械・機構設計，金型設計（機械）　年齢・性別：20代後半・男性

- ・研修制度はありますが，仕事が忙しく参加は難しいです。
- ・役職に就く人は仕事ができる反面，家庭とのバランスは難しい様子。
- ・英語を使った業務が大半のため，苦手意識がある人は苦労します。
- ・英語ができて，その上で技術的なスキルが必要となる業界です。

職種：経営管理　年齢・性別：30代後半・男性

- ・一度事業所に配属されたら異動はないため，事業所の将来性が重要。
- ・業績の悪い事業所だと，管理職になった途端年収が下がる場合も。
- ・福利厚生は一通りありますが，それほど手厚くはないと思います。
- ・住宅補助はありませんが，食事補助が昼食時にあります。

▶女性の働きやすさ

職種：品質管理　　年齢・性別：20代後半・男性

・この会社では，女性はパートの人が多いです。
・女性の待遇としては，産休など，一般的なものは揃っていますが。
・女性の正社員自体少ないので，女性管理職も圧倒的に少ないです。
・女性管理職は，勤続年数が長く年功序列で昇進しているようです。

職種：経理　　年齢・性別：20代後半・男性

・出産休暇・育児休暇は非常に充実しており，取得率も高いです。
・製造業という事もあってか全体的に女性社員の比率は低めです。
・社内に女性が少ない分，女性管理職の数も圧倒的に少ないです。
・性別問わず優秀な方は多いので，女性だからという心配は不要です。

職種：一般事務　　年齢・性別：20代後半・男性

・女性の数は全体として少なく，待遇も悪くありません。
・仕事内容としては若干補助的な仕事が多いように感じます。
・総合職の方の待遇は良く，大切にする会社であると思います。
・それ故に少々甘めになっている所もあり，改善が必要なところも。

職種：人事　　年齢・性別：50代前半・男性

・女性も管理職に多く就いています。
・残業が多い部署もありますが，配置次第で働きやすいと思います。
・能力さえあれば男女の区別なく扱われる点は魅力的だと思います。
・結婚を機に辞める人もいますが，もったいないと思います。

▶今後の展望

職種：法人営業　　年齢・性別：20代後半・男性
- 会社が古い体質のためか，一日中仕事をしない社員が多数います。
- 海外展開も遅れており，将来性は乏しいように感じます。
- 今後の事を考え，転職を検討している社員もちらほら。
- 事業によっては子会社化が濃厚の為，逃げ出そうと考えている人も。

職種：購買・調達（機械）　　年齢・性別：20代後半・男性
- 国内では業界最大規模ですが，今後内需の拡大は望めないでしょう。
- 世界的に見ると競合他社に大きく遅れをとっている事業もあります。
- 今後は海外に打って出るしかなく，厳しい競争が予想されます。
- 直近ではガスタービン分野での世界再編がカギになってくるかと。

職種：人事　　年齢・性別：20代後半・男性
- 社として女性基幹職の目標数値を掲げて，登用を進めています。
- ここ近年，新卒社員の女性の割合も上がってきています。
- 育児休業制度を早期に取り入れた経緯もあって，取得率は高いです。
- 今後更に，女性のための制度整備や社内風土の醸成を図る方針です。

職種：研究・開発（機械）　　年齢・性別：20代後半・男性
- 福利厚生も整い，ワークライフバランスも取りやすいです。
- 今後の方針として女性管理職者数を現状の3倍にするようです。
- 女性社員のためのキャリアアップ施策も充実させていくようです。
- 今後さらに労働環境も整い，女性も長く勤めやすくなると思います。

機械業界　国内企業リスト（一部抜粋）

会社名	本社住所
アタカ大機株式会社	大阪市此花区西九条5丁目3番28号（ナインティビル）
株式会社日本製鋼所	東京都品川区大崎1丁目11番1号
三浦工業株式会社	愛媛県松山市堀江町7番地
株式会社タクマ	兵庫県尼崎市金楽寺町2丁目2番33号
株式会社ツガミ	東京都中央区日本橋富沢町12番20号
オークマ株式会社	愛知県丹羽郡大口町下小口五丁目25番地の1
東芝機械株式会社	静岡県沼津市大岡2068-3
株式会社アマダ	神奈川県伊勢原市石田200
アイダエンジニアリング株式会社	神奈川県相模原市緑区大山町2番10号
株式会社滝澤鉄工所	岡山市北区撫川983
富士機械製造株式会社	愛知県知立市山町茶碓山19番地
株式会社牧野フライス製作所	東京都目黒区中根2-3-19
オーエスジー株式会社	愛知県豊川市本野ケ原3-22
ダイジェット工業株式会社	大阪市平野区加美東2丁目1番18号
旭ダイヤモンド工業株式会社	東京都千代田区紀尾井町4番1号
DMG森精機株式会社	名古屋市中村区名駅2丁目35番16号
株式会社ディスコ	東京都大田区大森北2丁目13番11号
日東工器株式会社	東京都大田区仲池上2丁目9番4号
豊和工業株式会社	愛知県清須市須ケ口1900番地1
大阪機工株式会社	兵庫県伊丹市北伊丹8丁目10番地
株式会社石川製作所	石川県白山市福留町200番地
東洋機械金属株式会社	兵庫県明石市二見町福里523-1
津田駒工業株式会社	金沢市野町5丁目18番18号

会社名	本社住所
エンシュウ株式会社	静岡県浜松市南区高塚町 4888 番地
株式会社島精機製作所	和歌山市坂田 85 番地
株式会社日阪製作所	大阪市中央区伏見町 4-2-14 WAKITA 藤村御堂筋ビル 8F
株式会社やまびこ	東京都青梅市末広町 1-7-2
ペガサスミシン製造株式会社	大阪市福島区鷺洲五丁目 7 番 2 号
ナブテスコ株式会社	東京都千代田区平河町 2 丁目 7 番 9 号 JA 共済ビル
三井海洋開発株式会社	東京都中央区日本橋二丁目 3 番 10 号 日本橋丸善東急ビル 4 階・5 階
レオン自動機株式会社	栃木県宇都宮市野沢町 2-3
SMC 株式会社	東京都千代田区外神田 4-14-1 秋葉原 UDX 15 階
株式会社新川	東京都武蔵村山市伊奈平二丁目 51 番地の 1
ホソカワミクロン株式会社	大阪府枚方市招提田近 1 丁目 9 番地
ユニオンツール株式会社	東京都品川区南大井 6-17-1
オイレス工業株式会社	神奈川県藤沢市桐原町 8 番地
日精エー・エス・ビー機械株式会社	長野県小諸市甲 4586 番地 3
サトーホールディングス株式会社	東京都目黒区下目黒 1 丁目 7 番 1 号 ナレッジプラザ
日本エアーテック株式会社	東京都台東区入谷一丁目 14 番 9 号
日精樹脂工業株式会社	長野県埴科郡坂城町南条 2110 番地
ワイエイシイ株式会社	東京都昭島市武蔵野 3-11-10
株式会社小松製作所	東京都港区赤坂二丁目 3 番 6 号（コマツビル）
住友重機械工業株式会社	東京都品川区大崎 2 丁目 1 番 1 号
日立建機株式会社	東京都文京区後楽二丁目 5 番 1 号
日工株式会社	兵庫県明石市大久保町江井島 1013 番地の 1
巴工業株式会社	東京都品川区大崎一丁目 2 番 2 号 アートヴィレッジ大崎セントラルタワー 12 階
井関農機株式会社	東京都荒川区西日暮里 5 丁目 3 番 14 号
TOWA 株式会社	京都市南区上鳥羽上調子町 5 番地

会社名	本社住所
株式会社丸山製作所	東京都千代田区内神田三丁目4番15号
株式会社北川鉄工所	広島県府中市元町 77-1
株式会社クボタ	大阪市浪速区敷津東一丁目2番47号
荏原実業株式会社	東京都中央区銀座七丁目14番1号
三菱化工機株式会社	神奈川県川崎市川崎区大川町2番1号
月島機械株式会社	東京都中央区佃二丁目17番15号
株式会社帝国電機製作所	兵庫県たつの市新宮町平野60番地
株式会社東京機械製作所	東京都港区芝五丁目26番24号
新東工業株式会社	愛知県名古屋市中区錦一丁目11番11号 名古屋インターシティ10階
澁谷工業株式会社	石川県金沢市大豆田本町甲58
株式会社アイチコーポレーション	埼玉県上尾市大字領家字山下 1152番地の10
株式会社小森コーポレーション	東京都墨田区吾妻橋 3-11-1
株式会社鶴見製作所	東京都台東区台東 1-33-8（本店大阪）
住友精密工業株式会社	兵庫県尼崎市扶桑町1番10号
酒井重工業株式会社	東京都港区芝大門 1-4-8 浜松町清和ビル5階
株式会社荏原製作所	東京都大田区羽田旭町 11-1
株式会社石井鐵工所	東京都中央区月島三丁目26番11号
株式会社西島製作所	大阪府高槻市宮田町一丁目一番8号
ダイキン工業株式会社	大阪市北区中崎西 2-4-12 梅田センタービル（総合受付19階）
オルガノ株式会社	東京都江東区新砂1丁目2番8号
トーヨーカネツ株式会社	東京都江東区東砂八丁目19番20号
栗田工業株式会社	東京都中野区中野4丁目10番1号 中野セントラルパークイースト
株式会社椿本チエイン	大阪市北区中之島 3-3-3（中之島三井ビルディング）
大同工業株式会社	石川県加賀市熊坂町イ 197番地
日本コンベヤ株式会社	大阪府大東市緑が丘 2-1-1

会社名	本社住所
木村化工機株式会社	兵庫県尼崎市杭瀬寺島二丁目1番2号
アネスト岩田株式会社	横浜市港北区新吉田町 3176
株式会社ダイフク	大阪市西淀川区御幣島 3-2-11
株式会社 加藤製作所	東京都品川区東大井 1-9-37
油研工業株式会社	神奈川県綾瀬市上土棚中 4-4-34
株式会社タダノ	香川県高松市新田町甲 34 番地
フジテック株式会社	滋賀県彦根市宮田町 591-1
ＣＫＤ株式会社	愛知県小牧市応時 2-250
株式会社 キトー	山梨県中巨摩郡昭和町築地新居 2000
株式会社 平和	東京都台東区東上野一丁目 16 番 1 号
理想科学工業株式会社	東京都港区芝五丁目 34 番 7 号 田町センタービル
株式会社 SANKYO	東京都渋谷区渋谷三丁目 29 番 14 号
日本金銭機械株式会社	大阪市平野区西脇 2 丁目 3 番 15 号
株式会社マースエンジニアリング	東京都新宿区新宿一丁目 10 番 7 号
福島工業株式会社	大阪府大阪市西淀川区御幣島 3-16-11
株式会社オーイズミ	神奈川県厚木市中町二丁目 7 番 10 号
ダイコク電機株式会社	名古屋市中村区那古野一丁目 43 番 5 号
アマノ株式会社	神奈川県横浜市港北区大豆戸町 275 番地
ＪＵＫＩ株式会社	東京都多摩市鶴牧 2-11-1
サンデン株式会社	群馬県伊勢崎市寿町 20
蛇の目ミシン工業株式会社	東京都八王子市狭間町 1463
マックス株式会社	東京都中央区日本橋箱崎町 6-6
グローリー株式会社	兵庫県姫路市下手野 1-3-1
新晃工業株式会社	大阪府大阪市北区南森町 1 丁目 4 番 5 号
大和冷機工業株式会社	大阪市天王寺区小橋町 3 番 13 号 大和冷機上本町 DRK ビル

会社名	本社住所
セガサミーホールディングス株式会社	東京都港区東新橋一丁目 9 番 2 号 汐留住友ビル 21 階
日本ピストンリング株式会社	埼玉県さいたま市中央区本町東 5-12-10
株式会社 リケン	東京都千代田区九段北 1-13-5
TPR 株式会社	東京都千代田区丸の内 1-6-2 新丸の内センタービル 10F
ホシザキ電機株式会社	愛知県豊明市栄町南館 3-16
大豊工業株式会社	愛知県豊田市緑ヶ丘 3-65
日本精工株式会社	東京都品川区大崎 1-6-3（日精ビル）
NTN 株式会社	大阪府大阪市西区京町堀 1-3-17
株式会社ジェイテクト	大阪市中央区南船場 3 丁目 5 番 8 号
株式会社不二越	富山市不二越本町 1 丁目 1 番 1 号
日本トムソン株式会社	東京都港区高輪二丁目 19 番 19 号
THK 株式会社	東京都品川区西五反田三丁目 11 番 6 号
株式会社ユーシン精機	京都市伏見区久我本町 11-260
前澤給装工業株式会社	東京都目黒区鷹番二丁目 13 番 5 号
イーグル工業株式会社	東京都港区芝大門 1-12-15　正和ビル 7F
前澤工業株式会社	埼玉県川口市仲町 5 番 11 号
日本ピラー工業株式会社	大阪市淀川区野中南 2 丁目 11 番 48 号
株式会社キッツ	千葉県千葉市美浜区中瀬一丁目 10 番 1
日立工機株式会社	東京都港区港南二丁目 15 番 1 号（品川インターシティ A 棟）
株式会社マキタ	愛知県安城市住吉町 3 丁目 11 番 8 号
日立造船株式会社	大阪市住之江区南港北 1 丁目 7 番 89 号
三菱重工業株式会社	東京都港区港南 2-16-5（三菱重エビル）
株式会社 IHI	東京都江東区豊洲三丁目 1-1 豊洲 IHI ビル

第3章

就職活動のはじめかた

入りたい会社は決まった。しかし「就職活動とはそもそも何をしていいのかわからない」「どんな流れで進むかわからない」という声は意外と多い。ここでは就職活動の一般的な流れや内容，対策について解説していく。

▶就職活動のスケジュール

3月	**4**月	**6**月

就職活動スタート ◀ 2025年卒の就活スケジュールは，経団連と政府を中心に議論され，2024年卒の採用選考スケジュールから概ね変更なしとされている。

エントリー受付・提出

OB・OG訪問

企業の説明会には積極的に参加しよう。独自の企業研究だけでは見えてこなかった新たな情報を得る機会であるとともに，モチベーションアップにもつながる。また，説明会に参加した者だけに配布する資料などもある。

合同企業説明会　　個別企業説明会

筆記試験・面接試験等始まる（3月〜）

内々定（大手企業）

2月末までにやっておきたいこと

就職活動が本格化する前に，以下のことに取り組んでおこう。
　◎自己分析　◎インターンシップ　◎筆記試験対策
　◎業界研究・企業研究　◎学内就職ガイダンス
自分が本当にやりたいことはなにか，自分の能力を最大限に活かせる会社はどこか。自己分析と企業研究を重ね，それを文章などにして明確にしておき，面接時に最大限に活用できるようにしておこう。

月 | **8**月 | **10**月

中 小 企 業 採 用 本 格 化

内定者の数が採用予定数に満た
ない企業，1年を通して採用を継
続している企業，夏休み以降に採
用活動を実施企業(後期採用)は
採用活動を継続して行っている。
大企業でも後期採用を行っている
こともあるので，企業から内定が
出ても，納得がいかなければ継続
して就職活動を行うこともある。

中小企業の採用が本格化するのは大手
企業より少し遅いこの時期から。HP
などで採用情報をつかむとともに，企
業研究も怠らないようにしよう。

内々定とは10月1日以前に通知（電話等）
されるもの。内定に関しては現在協定があり，
10月1日以降に文書等にて通知される。

月

内々定（中小企業）　　　　　　内定式（10月〜）

どんな人物が求められる？

多くの企業は，常識やコミュニケーション能力があり，社会のできごと
に高い関心を持っている人物を求めている。これは「会社の一員とし
て将来の企業発展に寄与してくれるか」という視点に基づく，もっとも
普遍的な選考基準だ。もちろん，「自社の志望を真剣に考えているか」
「自社の製品，サービスにどれだけの関心を向けているか」という熱
意の部分も重要な要素になる。

理論編 就活ロールプレイ！

理論編 STEP **1** 就職活動のスタート

内定までの道のりは，大きく分けると以下のようになる。

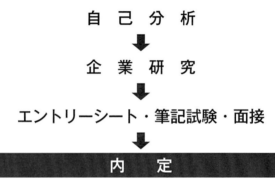

自 己 分 析

⬇

企 業 研 究

⬇

エントリーシート・筆記試験・面接

⬇

内 定

01 まず自己分析からスタート

就職活動とは，「企業に自分をPRすること」。自分自身の興味，価値観に加えて，強み・能力という要素が加わって，初めて企業側に「自分が働いたら，こういうポイントで貢献できる」と自分自身を売り込むことができるようになる。

■**自分の来た道を振り返る**

自己分析をするための第一歩は，「振り返ってみる」こと。

小学校，中学校など自分のいた"場"ごとに何をしたか（部活動など），何を学んだか，交友関係はどうだったか，興味のあったこと，覚えている印象的なことを書き出してみよう。

■**テストを受けてみる**

"自分では気がついていない能力"を客観的に検査してもらうことで，自分に向いている職種が見えてくる。下記の5種類が代表的なものだ。

①職業適性検査　　②知能検査　　③性格検査

④職業興味検査　　⑤創造性検査

■先輩や専門家に相談してみる

　就職活動をするうえでは，"いかに他人に自分のことをわかってもらうか"が重要なポイント。他者の視点で自分を分析してもらうことで，より客観的な視点で自己PRができるようになる。

自己分析の流れ

❑過去の経験を書いてみる

❑現在の自己イメージを明確にする…行動，考え方，好きなものなど。

❑他人から見た自分を明確にする

❑将来の自分を明確にしてみる…どのような生活をおくっていたいか。期待，夢，願望。なりたい自分はどういうものか，掘り下げて考える。→　自己分析結果を，志望動機につなげていく。

01 企業の絞り込み

志望企業の絞り込みについての考え方は大きく分けて2つある。

第1は，同一業種の中で1次候補，2次候補……と絞り込んでいく方法。

第2は，業種を1次，2次，3次候補と変えながら，それぞれに2社程度ずつ絞り込んでいく方法。

第1の方法では，志望する同一業種の中で，一流企業，中堅企業，中小企業，縁故などがある歯止めの会社……というふうに絞り込んでいく。

第2の方法では，自分が最も望んでいる業種，将来好きになれそうな業種，発展性のある業種，安定性のある業種，現在好況な業種……というふうに区別して，それぞれに適当な会社を絞り込んでいく。

02 情報の収集場所

・キャリアセンター

・新聞

・インターネット

・企業情報

『就職四季報』（東洋経済新報社刊），『日経会社情報』（日本経済新聞社刊）などの企業情報。この種の資料は本来"株式市場"についての資料だが，その時期の景気動向を含めた情報を仕入れることができる。

・経済雑誌

『ダイヤモンド』（ダイヤモンド社刊）や『東洋経済』（東洋経済新報社刊），『エコノミスト』（毎日新聞出版刊）など。

・OB・OG／社会人

①成長力

　まず"売上高"。次に資本力の問題や利益率などの比率。いくら資本金があっても，それを上回る膨大な借金を抱えていて，いくら稼いでも利払いに追われまくるようでは，成長できないし，安定できない。

　成長力を見るには自己資本率を割り出してみる。自己資本を総資本で割って100を掛けると自己資本率がパーセントで出てくる。自己資本の比率が高いほうが成長力もあり安定度も高い。

　利益率は純利益を売上高で割って100を掛ける。利益率が高ければ，企業はどんどん成長するし，社員の待遇も上昇する。利益率が低いということは，仕事がどんなに忙しくても利益にはつながらないということになる。

②技術力

　技術力は，短期的な見方と長期的な展望が必要になってくる。研究部門が適切な規模か，大学など企業外の研究部門との連絡があるか，先端技術の分野で開発を続けているかどうかなど。

③経営者と経営形態

　会社が将来，どのような発展をするか，または衰退するかは経営者の経営哲学，経営方針によるところが大きい。社長の経歴を知ることも必要。創始者の息子，孫といった親族が社長をしているのか，サラリーマン社長か，官庁などからの天下りかということも大切なチェックポイント。

④社風

　社風というのは先輩社員から後輩社員に伝えられ，教えられるもの。社風もいろいろな面から必ずチェックしよう。

⑤安定性

　企業が成長しているか，安定しているかということは車の両輪。どちらか片方の回転が遅くなっても企業はバランスを失う。安定し，しかも成長する。これが企業として最も理想とするところ。

⑥待遇

　初任給だけを考えてみても，それが手取りなのか，基本給なのか。基本給というのはボーナスから退職金，定期昇給の金額にまで響いてくる。また，待遇というのは給与ばかりではなく，福利厚生施設でも大きな差が出てくる。

■そのほかの会社比較の基準

1. ゆとり度

　休暇制度は，企業によって独自のものを設定しているところもある。「長期休暇制度」といったものなどの制定状況と，また実際に取得できているかどうかも調べたい。

2. 独身寮や住宅設備

　最近では，社宅は廃止し，住宅手当を多く出すという流れもある。寮や社宅についての福利厚生は調べておく。

3. オフィス環境

　会社に根づいた慣習や社員に対する考え方が，意外にオフィスの設備やレイアウトに表れている場合がある。

　たとえば，個人の専有スペースの広さや区切り方，パソコンなどOA機器の設置状況，上司と部下の机の配置など，会社によってずいぶん違うもの。玄関ロビーや受付の様子を観察するだけでも，会社ごとのカラーや特徴がどこかに見えてくる。

4. 勤務地

　転勤はイヤ，どうしても特定の地域で生活していきたい。そんな声に応えて，最近は流通業などを中心に，勤務地限定の雇用制度を取り入れる企業も増えている。

> **column　初任給では分からない本当の給与**
>
> 　会社の給与水準には「初任給」「平均給与」「平均ボーナス」「モデル給与」など，判断材料となるいくつかのデータがある。これらのデータからその会社の給料の優劣を判断するのは非常に難しい。
>
> 　たとえば中小企業の中には，初任給が飛び抜けて高い会社がときどきある。しかしその後の昇給率は大きくないのがほとんど。
>
> 　一方，大手企業の初任給は業種間や企業間の差が小さく，ほとんど横並びと言っていい。そこで，「平均給与」や「平均ボーナス」などで将来の予測をするわけだが，これは一応の目安とはなるが，個人差があるので正確とは言えない。

04 就職ノートの作成

■決定版「就職ノート」はこう作る

1冊にすべて書き込みたいという人には，ルーズリーフ形式のノートがお勧め。会社研究，スケジュール，時事用語，OB／OG訪問，切り抜きなどの項目を作りインデックスをつける。

カレンダー，説明会，試験などのスケジュール表を貼り，とくに会社別の説明会，面談，書類提出，試験の日程がひと目で分かる表なども作っておく。そして見開き2ページで1社を載せ，左ページに企業研究，右ページには志望理由，自己PRなどを整理する。

就職ノートの主なチェック項目

❑企業研究…資本金，業務内容，従業員数など基礎的な会社概要から，過去の採用状況，業務報告などのデータ

❑採用試験メモ…日程，条件，提出書類，採用方法，試験の傾向など

❑店舗・営業所見学メモ…流通関係，銀行などの場合は，客として訪問し，商品（値段，使用価値，ユーザーへの配慮），店員（接客態度，商品知識，熱意，親切度），店舗（ショーケース，陳列の工夫，店内の清潔さ）などの面をチェック

❑OB／OG訪問メモ…OB／OGの名前，連絡先，訪問日時，面談場所，質疑応答のポイント，印象など

❑会社訪問メモ…連絡先，人事担当者名，会社までの交通機関，最寄り駅からの地図，訪問のときに得た情報や印象，訪問にいたるまでの経過も記入

05 「OB／OG訪問」

　「OB／OG訪問」は，実際は採用予備選考開始。まず，OB／OG訪問を希望したら，大学のキャリアセンター，教授などの紹介で，志望企業に勤める先輩の手がかりをつかむ。もちろん直接電話なり手紙で，自分の意向を会社側に伝えてもいい。自分の在籍大学，学部をはっきり言って，「先輩を紹介していただけないでしょうか」と依頼しよう。

参考 ▶

OB／OG訪問時の質問リスト例

● **採用について**
- ・成績と面接の比重
- ・採用までのプロセス（日程）
- ・面接は何回あるか
- ・面接で質問される事項　etc.
- ・評価のポイント
- ・筆記試験の傾向と対策
- ・コネの効力はどうか

● **仕事について**
- ・内容（入社10年，20年のOB/OG）
- ・希望職種につけるのか
- ・残業，休日出勤，出張など
- ・新入社員の仕事
- ・やりがいはどうか
- ・同業他社と比較してどうか　etc.

● **社風について**
- ・社内のムード
- ・仕事のさせ方　etc.
- ・上司や同僚との関係

● **待遇について**
- ・給与について
- ・昇進のスピード
- ・福利厚生の状態
- ・離職率について　etc.

インターンシップとは，学生向けに企業が用意している「就業体験」プログラム。ここで学生はさまざまな企業の実態をより深く知ることができ，その後の就職活動において自己分析，業界研究，職種選びなどに活かすことができる。また企業側にとっても有能な学生を発掘できるというメリットがあるため，導入する企業は増えている。

インターンシップ参加が採用につながっているケースもあるため，たくさん参加してみよう。

column　コネを利用するのも１つの手段？

コネを活用できるのは，以下のような場合である。

・企業と大学に何らかの「連絡」がある場合

企業の新卒採用の場合，特定校・指定校が決められていることもある。企業側が過去の実績などに基づいて決めており，大学の力が大きくものをいう。

とくに理工系では，指導教授や研究室と企業との連絡が密接な場合が多く，教授の推薦が有利であることは言うまでもない。同じ大学出身の先輩とのコネも，この部類に区分できる。

・志望企業と「関係」ある人と関係がある場合

一般的に言えば，志望企業の取り引き先関係からの紹介というのが一番多い。ただし，年間億単位の実績が必要で，しかも部長・役員以上につながっていなければコネがあるとは言えない。

・志望企業と何らかの「親しい関係」がある場合

志望企業に勤務したりアルバイトをしていたことがあるという場合。インターンシップもここに分類される。職場にも馴染みがあり人間関係もできているので，就職に際してきわめて有利。

・志望会社に関係する人と「縁故」がある場合

縁故を「血縁関係」とした場合，日本企業ではこのコネはかなり有効なところもある。ただし，血縁者が同じ会社にいるというのは不都合なことも多いので，どの企業も慎重。

07 会社説明会のチェックポイント

1. 受付の様子

　受付事務がテキパキとしていて，分かりやすいかどうか。社員の態度が親切で誠意が伝わってくるかどうか。

　こういった受付の様子からでも，その会社の社員教育の程度や，新入社員採用に対する熱意とか期待を推し測ることができる。

2. 控え室の様子

　控え室が2カ所以上あって，国立大学と私立大学の訪問者とが，別々に案内されているようなことはないか。また，面談の順番を意図的に変えているようなことはないか。これはよくある例で，すでに大半は内定しているということを意味する場合が多い。

3. 社内の雰囲気

　社員の話し方，その内容を耳にはさむだけでも，社風が伝わってくる。

4. 面談の様子

　何時間も待たせたあげくに，きわめて事務的に，しかも投げやりな質問しかしないような採用担当者である場合，この会社は人事が適正に行われていないということだから，一考したほうがよい。

参考　▶ 説明会での質問項目

・質問内容が抽象的でなく，具体性のあるものかどうか。
・質問内容は，現在の社会・経済・政治などの情況を踏まえた，
　大学生らしい高度で専門性のあるものか。
・質問をするのはいいが，「それでは，あなたの意見はどうか」と
　逆に聞かれたとき，自分なりの見解が述べられるものであるか。

理論編
STEP 3　提出書類を用意する

　提出する書類は6種類。①～③が大学に申請する書類，④～⑥が自分で書く書類だ。大学に申請する書類は一度に何枚も入手しておこう。

- ①「卒業見込証明書」
- ②「成績証明書」
- ③「健康診断書」
- ④「履歴書」
- ⑤「エントリーシート」
- ⑥「会社説明会アンケート」

■自分で書く書類は「自己PR」

　第1次面接に進めるか否かは「自分で書く書類」の出来にかかっている。「履歴書」と「エントリーシート」は会社説明会に行く前に準備しておくもの。「会社説明会アンケート」は説明会の際に書き，その場で提出する書類だ。

01 履歴書とエントリーシートの違い

　Webエントリーを受け付けている企業に資料請求をすると，資料と一緒に「エントリーシート」が送られてくるので，応募サイトのフォームやメールでエントリーシートを送付する。Webエントリーを行っていない企業には，ハガキやメールで資料請求をする必要があるが，「エントリーシート」は履歴書とは異なり，企業が設定した設問に対して回答するもの。すなわちこれが「1次試験」であり，これにパスをした人だけが会社説明会に呼ばれる。

02 記入の際の注意点

■字はていねいに

　字を書くところから，その企業に対する"本気度"は測られている。

■誤字，脱字は厳禁

　使用するのは，黒のインク。

■修正液使用は不可

■数字は算用数字

■自分の広告を作るつもりで書く

　自分はこういう人間であり，何がしたいかということを簡潔に書く。メリットになることだけで良い。自分に損になるようなことを書く必要はない。

■「やる気」を示す具体的なエピソードを

　「私はやる気があります」「私は根気があります」という抽象的な表現だけではNG。それを示すエピソードのようなものを書かなくては意味がない。

Point

　自己紹介欄の項目はすべて「自己PR」。自分はこういう人間であることを印象づけ，それがさらに企業への「志望動機」につながっていくような書き方をする。

---

column　履歴書やエントリーシートは，共通でもいい？

　「履歴書」や「エントリーシート」は企業によって書き分ける。業種はもちろん，同じ業界の企業であっても求めている人材が違うからだ。各書類は提出前にコピーを取り，さらに出した企業名を忘れずに書いておくことも大切だ。

写真	スナップ写真は不可。 スーツ着用で,胸から上の物を使用する。ポイントは「清潔感」。 氏名・大学名を裏書きしておく。
日付	郵送の場合は投函する日,持参する場合は持参日の日付を記入する。
生年月日	西暦は避ける。元号を省略せずに記入する。
氏名	戸籍上の漢字を使う。印鑑押印欄があれば忘れずに押す。
住所	フリガナ欄がカタカナであればカタカナで,平仮名であれば平仮名で記載する。
学歴	最初の行の中央部に「学□□歴」と2文字程度間隔を空けて,中学校卒業から大学(卒業・卒業見込み)まで記入する。 中途退学の場合は,理由を簡潔に記載する。留年は記入する必要はない。 職歴がなければ,最終学歴の一段下の行の右隅に,「以上」と記載する。
職歴	最終学歴の一段下の行の中央部に「職□□歴」と2文字程度間隔を空け記入する。 「株式会社」や「有限会社」など,所属部門を省略しないで記入する。 「同上」や「〃」で省略しない。 最終職歴の一段下の行の右隅に,「以上」と記載する。
資格・免許	4級以下は記載しない。学習中のものも記載して良い。 「普通自動車第一種運転免許」など,省略せずに記載する。
趣味・特技	具体的に(例:読書でもジャンルや好きな作家を)記入する。
志望理由	その企業の強みや良い所を見つけ出したうえで,「自分の得意な事」がどう活かせるかなどを考えぬいたものを記入する。
自己PR	応募企業の事業内容や職種にリンクするような,自分の経験やスキルなどを記入する。
本人希望欄	面接の連絡方法,希望職種・勤務地などを記入する。「特になし」や空白はNG。
家族構成	最初に世帯主を書き,次に配偶者,それから家族を祖父母,兄弟姉妹の順に。続柄は,本人から見た間柄。兄嫁は,義姉と書く。
健康状態	「良好」が一般的。

エントリーシートの記入

01 エントリーシートの目的

・応募者を，決められた採用予定者数に絞り込むこと

・面接時の資料にする

の2つ。

■知りたいのは職務遂行能力

採用担当者が学生を見る場合は,「こいつは与えられた仕事をこなせるかどうか」という目で見ている。企業に必要とされているのは仕事をする能力なのだ。

Point

質問に忠実に，"自分がいかにその会社の求める人材に当てはまるか"を
丁寧に答えること。

02 効果的なエントリーシートの書き方

■情報を伝える書き方

課題をよく理解していることを相手に伝えるような気持ちで書く。

■文章力

大切なのは全体のバランスが取れているか。書く前に，何をどれくらいの字数で収めるか計算しておく。

「起承転結」でいえば,「起」は，文章を起こす導入部分。「承」は，起を受けて，その提起した問題に対して承認を求める部分。「転」は，自説を展開する部分。もっともオリジナリティが要求される。「結」は,最後の締めの結論部分。文章の構成・まとめる力で,総合的な能力が高いことをアピールする。

エントリーシートでよく取り上げられる題材と，その出題意図

　エントリーシートで求められるものは，「自己PR」「志望動機」「将来どうなりたいか（目指すこと）」の3つに大別される。

1.「自己PR」

　自己分析にしたがって作成していく。重要なのは，「なぜそうしようと思ったか？」「○○をした結果，何が変わったのか？何を得たのか？」という"連続性"が分かるかどうかがポイント。

2.「志望動機」

　自己PRと一貫性を保ち，業界志望理由と企業志望理由を差別化して表現するように心がける。志望する業界の強みと弱み，志望企業の強みと弱みの把握は基本。

3.「将来の展望」

　どんな社員を目指すのか，仕事へはどう臨もうと思っているか，目標は何か，などが問われる。仕事内容を事前に把握しておくだけでなく，5年後の自分，10年後の自分など，具体的な将来像を描いておくことが大切。

表現力，理解力のチェックポイント

☐ 文法，語法が正しいかどうか
☐ 論旨が論理的で一貫しているかどうか
☐ 1センテンスが簡潔かどうか
☐ 表現が統一されているかどうか（「です，ます」調か「だ，である」調か）

理論編 STEP5　面接試験の進みかた

01 個人面接

●自由面接法

面接官と受験者のキャラクターやその場の雰囲気，質問と応答の進行具合などによって雑談形式で自由に進められる。

●標準面接法

自由面接法とは逆に，質問内容や評価の基準などがあらかじめ決まっている。実際には自由面接法と併用で，おおまかな質問事項や判定基準，評価ポイントを決めておき，質疑応答の内容上の制限を緩和しておくスタイルが一般的。1次面接などでは標準面接法をとり，2次以降で自由面接法をとる企業も多い。

●非指示面接法

受験者に自由に発言してもらい，面接官は話題を引き出したりするときなど，最小限の質問をするという方法。

●圧迫面接法

わざと受験者の精神状態を緊張させ，受験者がどのような応答をするかを観察し，判定する。受験者は，冷静に対応することが肝心。

02 集団面接

面接の方法は個人面接と大差ないが，面接官がひとつの質問をして，受験者が順にそれに答えるという方法と，面接官が司会役になって，座談会のような形式で進める方法とがある。

座談会のようなスタイルでの面接は，なるべく受験者全員が関心をもっているような話題を取りあげ，意見を述べさせるという方法。この際，司会役以外の面接官は一言も発言せず，判定・評価に専念する。

03 グループディスカッション

　グループディスカッション（以下，GD）の時間は30～60分程度，1グループの人数は5～10人程度で，司会は面接官が行う場合や，時間を決めて学生が交替で行うことが多い。面接官は内容については特に指示することはなく，受験者がどのようにGDを進めるかを観察する。

　評価のポイントは，全体的には理解力，表現力，指導性，積極性，協調性など，個別的には性格，知識，適性などが観察される。

　GDの特色は，集団の中での個人ということで，受験者の能力がどの程度のものであるか，また，どのようなことに向いているかを判定できること。受験者は，グループの中における自分の位置を面接官に印象づけることが大切だ。

グループディスカッション方式の面接におけるチェックポイント

- ❏全体の中で適切な論点を提供できているかどうか。
- ❏問題解決に役立つ知識を持っているか，また提供できているかどうか。
- ❏もつれた議論を解きほぐし，的はずれの議論を元に引き戻す努力をしているかどうか。
- ❏グループ全体としての目標をいつも考えているかどうか。
- ❏感情的な対立や攻撃をしかけているようなことはないか。
- ❏他人の意見に耳を傾け，よい意見には賛意を表し，それを全体に推し広げようという寛大さがあるかどうか。
- ❏議論の流れを自然にリードするような主導性を持っているかどうか。
- ❏提出した意見が議論の進行に大きな影響を与えているかどうか。

04 面接時の注意点

●控え室

　控え室には，指定された時間の15分前には入室しよう。そこで担当の係から，面接に際しての注意点や手順の説明が行われるので，疑問点は積極的に聞くようにし，心おきなく面接にのぞめるようにしておこう。会社によっては，所定のカードに必要事項を書き込ませたり，お互いに自己紹介をさせたりする場合もある。また，この控え室での行動も細かくチェックして，合否の資料にしている会社もある。

●入室・面接開始

　係員がドアの開閉をしてくれる場合もあるが，それ以外は軽くノックして入室し，必ずドアを閉める。そして入口近くで軽く一礼し，面接官か補助員の「どうぞ」という指示で正面の席に進み，ここで再び一礼をする。そして，学校名と氏名を名のって静かに着席する。着席時は，軽く椅子にかけるようにする。

●面接終了と退室

　面接の終了が告げられたら，椅子から立ち上がって一礼し，椅子をもとに戻して，面接官または係員の指示を受けて退室する。

　その際も，ドアの前で面接官のほうを向いて頭を下げ，静かにドアを開閉する。控え室に戻ったら，係員の指示を受けて退社する。

05 面接試験の評定基準

●協調性

　企業という「集団」では，他人との協調性が特に重視される。

　感情や態度が円満で調和がとれていること，極端に好悪の情が激しくなく，物事の見方や考え方が穏健で中立であることなど，職場での人間関係を円滑に進めていくことのできる人物かどうかが評価される。

●話し方

　外観印象的には，言語の明瞭さや応答の態度そのものがチェックされる。小さな声で自信のない発言，乱暴野卑な発言は減点になる。

　考えをまとめたら，言葉を選んで話すくらいの余裕をもって，真剣に応答しようとする姿勢が重視される。軽率な応答をしたり，まして発言に矛盾を指摘されるような事態は極力避け，もしそのような状況になりそうなときは，自分の非を認めてはっきりと謝るような態度を示すべき。

●好感度

　実社会においては，外観による第一印象が，人間関係や取引に大きく影響を及ぼす。

　「フレッシュな爽やかさ」に加え，入社志望など，自分の意思や希望をより明確にすることで，強い信念に裏づけられた姿勢をアピールできるよう努力したい。

●判断力

何を質問されているのか，何を答えようとしているのか，常に冷静に判断していく必要がある。

●表現力
話に筋道が通り理路整然としているか，言いたいことが簡潔に言えるか，話し方に抑揚があり聞く者に感銘を与えるか，用語が適切でボキャブラリーが豊富かどうか。

●積極性
活動意欲があり，研究心旺盛であること，進んで物事に取り組み，創造的に解決しようとする意欲が感じられること，話し方にファイトや情熱が感じられること，など。

●計画性
見通しをもって順序よく合理的に仕事をする性格かどうか，またその能力の有無。企業の将来性のなかに，自分の将来をどうかみ合わせていこうとしているか，現在の自分を出発点として，何を考え，どんな仕事をしたいのか。

●安定性
情緒の安定は，社会生活に欠くことのできない要素。自分自身をよく知っているか，他の人に流されない信念をもっているか。

●誠実性
自分に対して忠実であろうとしているか，物事に対してどれだけ誠実な考え方をしているか。

●社会性
企業は集団活動なので，自分の考えに固執したり，不平不満が多い性格は向かない。柔軟で適応性があるかどうか。

─ Point ─────────────
清潔感や明朗さ，若々しさといった外観面も重視される。
───────────────────

06 面接試験の質問内容

1. 志望動機
受験先の概要や事業内容はしっかりと頭の中に入れておく。また，その企業の企業活動の社会的意義と，自分自身の志望動機との関連を明確にしておく。「安定している」「知名度がある」「将来性がある」といった利己的な動機，「自

分の性格に合っている」というような，あいまいな動機では説得力がない。安定性や将来性は，具体的にどのような企業努力によって支えられているのかという考察も必要だし，それに対する受験者自身の評価や共感なども問われる。

①どうしてその業種なのか

②どうしてその企業なのか

③どうしてその職種なのか

以上の①～③と，自分の性格や資質，専門などとの関連性を説明できるようにしておく。

自分がどうしてその会社を選んだのか，どこに大きな魅力を感じたのかを，できるだけ具体的に，情熱をもって語ることが重要。自分の長所と仕事の適性を結びつけてアピールし，仕事のやりがいや仕事に対する興味を述べるのもよい。

■複数の企業を受験していることは言ってもいい？

同じ職種，同じ業種で何社かかけもちしている場合，正直に答えてもかまわない。しかし，「第一志望はどこですか」というような質問に対して，正直に答えるべきかどうかというと，やはりこれは疑問がある。どんな会社でも，他社を第一志望にあげられれば，やはり愉快には思わない。

また，職種や業種の異なる会社をいくつか受験する場合も同様で，極端に性格の違う会社をあげれば，その矛盾を突かれるのは必至だ。

2. 仕事に対する意識・職業観

採用試験の段階では，次年度の配属予定が具体的に固まっていない会社もかなりある。具体的に職種や部署などを細分化して募集している場合は別だが，そうでない場合は，希望職種をあまり狭く限定しないほうが賢明。どの業界においても，採用後，新入社員には，研修としてその会社の各セクションをひと通り経験させる企業は珍しくない。そのうえで，具体的な配属計画を検討するのだ。

大切なことは，就職や職業というものを，自分自身の生き方の中にどう位置づけるか，また，自分の生活の中で仕事とはどういう役割を果たすのかを考えてみること。つまり自分の能力を活かしたい，社会に貢献したい，自分の存在価値を社会的に実現してみたい，ある分野で何か自分の力を試してみたい……，などの場合を考え，それを自分自身の人生観，志望職種や業種などとの関係を考えて組み立ててみる。自分の人生観をもとに，それを自分の言葉で表現できるようにすることが大切。

3. 自己紹介・自己PR

性格そのものを簡単に変えたり，欠点を克服したりすることは実際には難しいが，"仕方がない"という姿勢を見せることは禁物で，どんなささいなことでも，努力している面をアピールする。また一般的にいって，専門職を除けば，就職時になんらかの資格や技能を要求する企業は少ない。

ただ，資格をもっていれば採用に有利とは限らないが，専門性を要する業種では考慮の対象とされるものもある。たとえば英検，簿記など。

企業が学生に要求しているのは，4年間の勉学を重ねた学生が，どのように仕事に有用であるかということで，学生の知識や学問そのものを聞くのが目的ではない。あくまで，社会人予備軍としての謙虚さと素直さを失わないようにする。

知識や学力よりも，その人の人間性，ビジネスマンとしての可能性を重視するからこそ，面接担当者は，学生生活全般について尋ねることで，書類だけでは分からない人間性を探ろうとする。

何かうち込んだものや思い出に残る経験などは，その人の人間的な成長になんらかの作用を及ぼしているものだ。どんな経験であっても，そこから受けた印象や教訓などは，明確に答えられるようにしておきたい。

4. 一般常識・時事問題

一般常識・時事問題については筆記試験の分野に属するが，面接でこうしたテーマがもち出されることも珍しくない。受験者がどれだけ社会問題に関心をもっているか，一般常識をもっているか，また物事の見方・考え方に偏りがないかなどを判定する。知識や教養だけではなく，一問一答の応答を通じて，その人の性格や適応能力まで判断されることになる。

07 面接に向けての事前準備

■面接試験1カ月前までには万全の準備をととのえる

●志望会社・職種の研究

新聞の経済欄や経済雑誌などのほか，会社年鑑，株式情報など書物による研究をしたり，インターネットにあがっている企業情報や，検索によりさまざまな角度から調べる。すでにその会社へ就職している先輩や知人に会って知識を得たり，大学のキャリアセンターへ情報を求めるなどして総合的に判断する。

■専攻科目の知識・卒論のテーマなどの整理

大学時代にどれだけ勉強してきたか，専攻科目や卒論のテーマなどを整理しておく。

■**時事問題に対する準備**

毎日欠かさず新聞を読む。志望する企業の話題は，就職ノートに整理するなどもアリ。

面接当日の必需品

- ❏必要書類（履歴書，卒業見込証明書，成績証明書，健康診断書，推薦状）
- ❏学生証
- ❏就職ノート（志望企業ファイル）
- ❏印鑑，朱肉
- ❏筆記用具（万年筆，ボールペン，サインペン，シャープペンなど）
- ❏手帳，ノート
- ❏地図（訪問先までの交通機関などをチェックしておく）
- ❏現金（小銭も用意しておく）
- ❏腕時計（オーソドックスなデザインのもの）
- ❏ハンカチ，ティッシュペーパー
- ❏くし，鏡（女性は化粧品セット）
- ❏シューズクリーナー
- ❏ストッキング
- ❏折りたたみ傘（天気予報をチェックしておく）
- ❏携帯電話，充電器

■一般常識試験

社会人として企業活動を行ううえで最低限必要となる一般常識のほか，
英語，国語，社会(時事問題)，数学などの知識の程度を確認するもの。

　難易度はおおむね中学・高校の教科書レベル。一般常識の問題集を1冊やっ
ておけばよいが，業界によっては専門分野が出題されることもあるため，必ず
志望する企業のこれまでの試験内容は調べておく。

■一般常識試験の対策
　・英語　慣れておくためにも，教科書を復習する，英字新聞を読むなど。
　・国語　漢字，四字熟語，反対語，同音異義語，ことわざをチェック。
　・時事問題　新聞や雑誌，テレビ，ネットニュースなどアンテナを張っておく。

■適性検査
　SPI（Synthetic Personality Inventory）試験（SPI3試験）とも呼ばれ，能力
テストと性格テストを合わせたもの。
　能力テストでは国語能力を測る「言語問題」と，数学能力を測る「非言語問題」
がある。言語的能力，知覚能力，数的能力のほか，思考・推理能力，記憶力，
注意力などの問題で構成されている。
　性格テストは「はい」か「いいえ」で答えていく。仕事上の適性と性格の傾向
などが一致しているかどうかをみる。

SPIは職務への適応性を客観的にみるためのもの。

01 「論文」と「作文」

　一般に「論文」はあるテーマについて自分の意見を述べ，その論証をする文章で，必ず意見の主張とその論証という2つの部分で構成される。問題提起と論旨の展開，そして結論を書く。

　「作文」は，一般的には感想文に近いテーマ，たとえば「私の興味」「将来の夢」といったものがある。

　就職試験では「論文」と「作文」を合わせた"論作文"とでもいうようなものが出題されることが多い。

　論作文試験とは，「文章による面接」。テーマに書き手がどういう態度を持っているかを知ることが，出題の主な目的だ。受験者の知識・教養・人生観・社会観・職業観，そして将来への希望などが，どのような思考を経て，どう表現されているかによって，企業にとって，必要な人物かどうかを判断している。

　論作文の場合には，書き手の社会的意識や考え方に加え，「感銘を与える」働きが要求される。就職活動とは，企業に対し「自分をアピールすること」だということを常に念頭に置いておきたい。

Point

論文と作文の違い

	論　文	作　文
テーマ	学術的・社会的・国際的なテーマ。時事，経済問題など	個人的・主観的なテーマ。人生観，職業観など
表現	自分の意見や主張を明確に述べる。	自分の感想を述べる。
展開	四段型（起承転結）の展開が多い。	三段型（はじめに・本文・結び）の展開が多い。
文体	「だ調・である調」のスタイルが多い。	「です調・ます調」のスタイルが多い。

02 採点のポイント

・テーマ

与えられた課題（テーマ）を，受験者はどのように理解しているか。

出題されたテーマの意義をよく考え，それに対する自分の意見や感情が，十分に整理されているかどうか。

・表現力

課題について本人が感じたり，考えたりしたことを，文章で的確に表しているか。

・字・用語・その他

かなづかいや送りがなが合っているか，文中で引用されている格言やことわざの類が使用法を間違えていないか，さらに誤字・脱字に至るまで，文章の基本的な力が受験者の人柄ともからんで厳密に判定される。

・オリジナリティ

魅力がある文章とは，オリジナリティを率直に出すこと。自分の感情や意見を，自分の言葉で表現する。

・生活態度

文章は，書き手の人格や人柄を映し出す。平素の社会的関心や他人との協調性，趣味や読書傾向はどうであるかといった，受験者の日常における生き方，生活態度がみられる。

・字の上手・下手

できるだけ読みやすい字を書く努力をする。また，制限字数より文章が長くなって原稿用紙の上下や左右の空欄に書き足したりすることは避ける。消しゴムで消す場合にも，丁寧に。

いずれの場合でも，表面的な文章力を問うているのではなく，受験者の人柄のほうを重視している。

マナーチェックリスト

就活において企業の人事担当は，面接試験やOG／OB訪問，そして面接試験において，あなたのマナーや言葉遣いといった，「常識力」をチェックしている。現在の自分はどのくらい「常識力」が身についているかをチェックリストで振りかえり，何ができて，何ができていないかを明確にしたうえで，今後の取り組みに生かしていこう。

評価基準　5：大変良い　4：やや良い　3：どちらともいえない　2：やや悪い　1：悪い

	項　目	評　価	メ　モ
挨拶	明るい笑顔と声で挨拶をしているか		
	相手を見て挨拶をしているか		
	相手より先に挨拶をしているか		
	お辞儀を伴った挨拶をしているか		
	直接の応対者でなくても挨拶をしているか		
表情	笑顔で応対しているか		
	表情に私的感情がでていないか		
	話しかけやすい表情をしているか		
	相手の話は真剣な顔で聞いているか		
身だしなみ	前髪は目にかかっていないか		
	髪型は乱れていないか／長い髪はまとめているか		
	髭の剃り残しはないか／化粧は健康的か		
	服は汚れていないか／清潔に手入れされているか		
	機能的で職業・立場に相応しい服装をしているか		
	華美なアクセサリーはつけていないか		
	爪は伸びていないか		
	靴下の色は適当か／ストッキングの色は自然な肌色か		
	靴の手入れは行き届いているか		
	ポケットに物を詰めすぎていないか		

	項　目	評　価	メ　モ
言葉遣い	専門用語を使わず，相手にわかる言葉で話しているか		
	状況や相手に相応しい敬語を正しく使っているか		
	相手の聞き取りやすい音量・速度で話しているか		
	語尾まで丁寧に話しているか		
	気になる言葉癖はないか		
動作	物の授受は両手で丁寧に実施しているか		
	案内・指し示し動作は適切か		
	キビキビとした動作を心がけているか		
心構え	勤務時間・指定時間の5分前には準備が完了しているか		
	心身ともに健康管理をしているか		
	仕事とプライベートの切替えができているか		

☑ 常に自己点検をするクセをつけよう

「人を表情やしぐさ，身だしなみなどの見かけで判断してはいけない」と一般にいわれている。確かに，人の個性は見かけだけではなく，内面においても見いだされるもの。しかし，私たちは人を第一印象である程度決めてしまう傾向がある。それが面接試験など初対面の場合であればなおさらだ。したがって，チェックリストにあるような挨拶，表情，身だしなみ等に注意して面接試験に臨むことはとても重要だ。ただ，これらは面接試験前にちょっと対策したからといって身につくようなものではない。付け焼き刃的な対策をして面接試験に臨んでも，面接官はあっという間に見抜いてしまう。日頃からチェックリストにあるような項目を意識しながら行動することが大事であり，そうすることで，最初はぎこちない挨拶や表情等も，その人の個性に応じたすばらしい所作へ変わっていくことができるのだ。さっそく，本日から実行してみよう。

面接試験において，印象を決定づける表情はとても大事。
どのようにすれば感じのいい表情ができるのか，ポイントを確認していこう。

明るく,温和で 柔らかな表情をつくろう

人間関係の潤滑油

表情に関しては，まずは豊かである
ということがベースになってくる。う
れしい表情，困った表情，驚いた表
情など，さまざまな気持ちを表現で
きるということが，人間関係を潤いの
あるものにしていく。

Point

　表情はコミュニケーションの大前提。相手に「いつでも話しかけてくださ
いね」という無言の言葉を発しているのが，就活に求められる表情だ。面接
官が安心してコミュニケーションをとろうと思ってくれる表情。それが，明
るく，温和で柔らかな表情となる。

カンタンTraining

Training 01

喜怒哀楽を表してみよう

- 人との出会いを楽しいと思うことが表情の基本
- 表情を豊かにする大前提は相手の気持ちに寄り添うこと
- 目元・口元だけでなく，眉の動きを意識することが大事

Training 02

表情筋のストレッチをしよう

- 表情筋は「ウイスキー」の発音によって鍛える
- 意識して毎日，取り組んでみよう
- 笑顔の共有によって相手との距離が縮まっていく

コミュニケーションは挨拶から始まり，その挨拶ひとつで印象は変わるもの。
ポイントを確認していこう。

丁寧にしっかりと
はっきり挨拶をしよう

人間関係の第一歩

挨拶は心を開いて，相手に近づくコ
ミュニケーションの第一歩。たかが
挨拶，されど挨拶の重要性をわきま
えて，きちんとした挨拶をしよう。形，
つまり"技"も大事だが，心をこめ
ることが最も重要だ。

Point

　挨拶はコミュニケーションの第一歩。相手が挨拶するのを待っているの
は望ましくない。挨拶の際のポイントは丁寧であることと，はっきり声に出
すことの2つ。丁寧な挨拶は，相手を大事にして迎えている気持ちの表れ
となる。はっきり声に出すことで，これもきちんと相手を迎えていることが
伝わる。また，相手もその応答として挨拶してくれることで，会ってすぐに
双方向のコミュニケーションが成立する。

いますぐデキる
カンタンTraining

Training 01

３つのお辞儀をマスターしよう

① 会釈（15度）　　　② 敬礼（30度）　　　③ 最敬礼（45度）

- ・息を吸うことを意識してお辞儀をするとキレイな姿勢に
- ・目線は真下ではなく，床前方1.5m先ぐらいを見よう
- ・相手への敬意を忘れずに

Training 02

対面時は言葉が先，お辞儀が後

- ・相手に体を向けて先に自ら挨拶をする
- ・挨拶時，相手とアイコンタクトを
  しっかり取ろう
- ・挨拶の後に，お辞儀をする。
  これを「語先後礼」という

実践編 STEP3　聞く姿勢

コミュニケーションは「話す」よりも「聞く」ことといわれる。相手が話しやすい聞き方の，ポイントを確認しよう。

受容の立場で
傾聴しよう

相手の話を受けとめる

話を聞くときは，やや前に傾く姿勢をとる。表情と姿勢が合わさることにより，話し手の心が開き「あれも，これも話そう」という気持ちになっていく。また，「はい」と一度のお辞儀で頷くと相手の話を受け止めているというメッセージにつながる。

Point

　話をすること，話を聞いてもらうことは誰にとってもプレッシャーを伴うもの。そのため，「何でも話して良いんですよ」「何でも話を聞きますよ」「心配しなくて良いんですよ」という気持ちで聞くことが大切になる。その気持ちが聞く姿勢に表れれば，相手は安心して話してくれる。

いますぐデキる

カンタン**Training**

Training **01**

頷きは一度で

- 相手が話した後に「はい」と
  一言発する
- 頷きすぎは逆効果

Training **02**

目線は自然に

- 鼻の付け根あたりを見ると
  自然な印象に
- 目を見つめすぎるのはNG

Training **03**

話の句読点で視線を移す

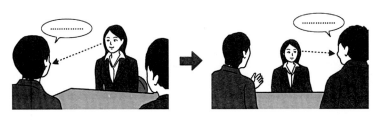

- 視線は話している人を見ることが基本
- 複数の人の話を聞くときは句読点を意識し，
  視線を振り分けることで聞く姿勢を表す

伝わる話し方

自分の意思を相手に明確に伝えるためには，話し方が重要となる。はっきりと的確に話すためのポイントを確認しよう。

明るい発声を
心がけよう

ボリュームを意識して

話すときのポイントとしては，ボリュームを意識することが挙げられる。会議室の一番奥にいる人に声が届くように意識することで，声のボリュームはコントロールされていく。

Point

　コミュニケーションとは「伝達」すること。どのようなことも，適当に伝えるのではなく，伝えるべきことがきちんと相手に届くことが大切になる。そのためには，はっきりと，分かりやすく，丁寧に，心を込めて話すこと。言葉だけでなく，表情やジェスチャーを加えることも有効。

いますぐデキる
カンタンTraining

Training 01

腹式呼吸で発声練習

・「あえいうえおあお」と発声する
・腹式呼吸は，胸部をなるべく動かさ
　ずに，息を吸うときにお腹や腰が膨
　らむよう意識する呼吸法

Training 02

早口言葉にチャレンジ

おあやや
母親に
お謝り

・「おあやや，母親に，お謝り」と早口で
・口がすぼまった「お」と口が開いた
　「あ」の発音に，変化をつけられる
　かがポイント

Training 03

ジェスチャーを有効活用

・腰より上でジェスチャーをする
・体から離した位置に手をもっていく
・ジェスチャーをしたら戻すところを
　さだめておく

身だしなみはその人自身を表すもの。身だしなみの基本について，ポイントを
確認しよう。

清潔感,さわやかさを 醸し出せるようにしよう

プロの企業人に ふさわしい身だしなみを

信頼感，安心感をもたれる身だしな
みを考えよう。TPOに合わせた服装は,
すなわち"礼"を表している。そして,
身だしなみには,「清潔感」,「品のよさ」,
「控え目である」という，3つのポイ
ントがある。

Point

相手との心理的な距離や物理的な距離が遠ければ，コミュニケーションは
成立しにくくなる。見た目が不潔では誰も近付いてこない。身だしなみが
清潔であること，爽やかであることは相手との距離を縮めることにも繋がる。

カンタンTraining

Training **01**

髪型，服装を整えよう

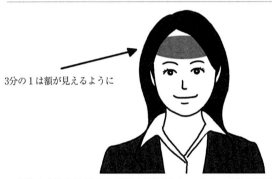

3分の1は額が見えるように

・男性も女性も眉が見える髪型が望ましい。3分の1は額が見えるように。額は知性と清潔感を伝える場所。男性の髪の長さは耳や襟にかからないように
・スーツで相手の前に立つときは，ボタンはすべて留める。男性の場合は下のボタンは外す

Training **02**

おしゃれとの違いを明確に

・爪はできるだけ切りそろえる
・爪の中の汚れにも注意
・ジェルネイル，ネイルアートはNG

Training **03**

足元にも気を配って

・女性の場合はパンプス，男性の場合は黒の紐靴が望ましい
・靴はこまめに汚れを落とし見栄えよく

姿勢にはその人の意欲が反映される。前向き，活動的な姿勢を表すにはどうしたらよいか，ポイントを確認しよう。

前向き,活動的な 姿勢を維持しよう

一直線と左右対称

正しい立ち姿として，耳，肩，腰，くるぶしを結んだ線が一直線に並んでいることが最大のポイントになる。そのラインが直線に近づくほど立ち姿がキレイに整っていることになる。また，"左右対称"というのもキレイな姿勢の要素のひとつになる。

Point

　姿勢は，身体と心の状態を反映するもの。そのため，良い姿勢でいることは，印象が清々しいだけでなく，健康で元気そうに見え，話しかけやすさにも繋がる。歩く姿勢，立つ姿勢，座る姿勢など，どの場面にも心身の健康状態が表れるもの。日頃から心身の健康状態に気を配り，フィジカルとメンタル両面の自己管理を心がけよう。

いますぐデキる
カンタンTraining

Training 01

キレイな歩き方を心がけよう

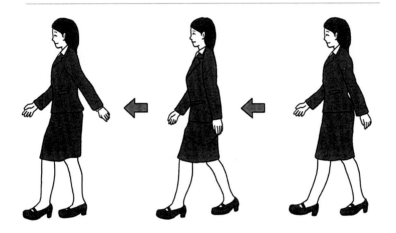

・女性は1本の線上を，男性はそれよりも太い線上を沿うように歩く
・一歩踏み出したときに前の足に体重を乗せるように，腰から動く
・12時の方向につま先をもっていく

Training 02

前向きな気持ちを持とう

・常に前向きな気持ちが姿勢を正す
・ポジティブ思考を心がけよう

言葉遣いの正しさはとは，場面にあった言葉を遣うということ。相手を気づかいながら，言葉を選ぶことで，より正しい言葉に近づいていく。

相手と場面に合わせた
ふさわしい言葉遣いを

> 次の文は接客の場面でよくある間違えやすい敬語です。
> それぞれの言い方は○×どちらでしょうか。
>
> 問1 「資料をご拝読いただきありがとうございます」
>
> 問2 「こちらのパンフレットはもういただかれましたか？」
>
> 問3 「恐れ入りますが，こちらの用紙にご記入してください」
>
> 問4 「申し訳ございませんが，来週，休ませていただきます」
>
> 問5 「先ほどの件，帰りましたら上司にご報告いたしますので」

Point

　ビジネスのシーンに敬語は欠くことができない。何度もやり取りをしていく中で，親しさの度合いによっては，あえてくだけた表現を用いることもあるが，「親しき仲にも礼儀あり」と言われるように，敬意や心づかいをおろそかにしてはいけないもの。相手に誤解されたり，相手の気分を壊すことのないように，相手や場面にふさわしい言葉遣いが大切になる。

解答と解説

問1 （×） ○正しい言い換え例

　→「ご覧いただきありがとうございます」など

　「拝読」は自分が「読む」意味の謙譲語なので，相手の行為に使うのは誤り。読むと見るは同義なため，多く，見るの尊敬語「ご覧になる」が用いられる。

問2 （×） ○正しい言い換え例

　→「お持ちですか」「お渡ししましたでしょうか」　など

　「いただく」は，食べる・飲む・もらうの謙譲語。「もらったかどうか」と聞きたいのだから，「おもらいになりましたか」と言えないこともないが，持っているかどうか，受け取ったかどうかという意味で「お持ちですか」などが使われることが多い。また，自分側が渡すような場合は，「お渡しする」を使って「お渡ししましたでしょうか」などの言い方に換えることもできる。

問3 （×） ○正しい言い換え例

　→「恐れ入りますが，こちらの用紙にご記入ください」など

　「ご記入する」の「お（ご）〜する」は謙譲語の形。相手の行為を謙譲語で表すことになるため誤り。「して」を取り除いて「ご記入ください」か，和語に言い換えて「お書きください」とする。ほかにも「お書き／ご記入・いただけますでしょうか・願います」などの表現もある。

問4 （△）

　有給休暇を取る場合や，弔事等で休むような場面で，用いられることも多い。「休ませていただく」ということで一見丁寧に響くが，「来週休むと自分で休みを決めている」という勝手な表現にも受け取られかねない言葉だ。ここは同じ「させていただく」を用いても，相手の都合をうかがう言い方に換えて「○○がございまして，申し訳ございませんが，休みをいただいてもよろしいでしょうか」などの言い換えが好ましい。

問5 （×）○正しい言い換え例

　→「上司に報告いたします」

　「ご報告いたします」は，ソトの人との会話で使うとするならば誤り。「ご報告いたします」の「お・ご〜いたす」は，「お・ご〜する」と「〜いたす」という2つの敬語を含む言葉。そのうちの「お・ご〜する」は，主語である自分を低めて相手＝上司を高める働きをもつ表現（謙譲語Ⅰ）。一方「〜いたす」は，主語の私を低めて，話の聞き手に対して丁重に述べる働きをもつ表現（謙譲語Ⅱ　丁重語）。「お・ご〜する」も「〜いたす」も同じ謙譲語であるため紛らわしいが，主語を低める（謙譲）という働きは同じでも，行為の相手を高める働きがあるかないかという点に違いがあるといえる。

　　正しい敬語

敬語は正しく使用することで, 相手の印象を大きく変えることができる。尊敬語, 謙譲語の区別をはっきりつけて, 誤った用法で話すことのないように気をつけよう。

言葉の使い方が
マナーを表す!

■よく使われる尊敬語の形　「言う・話す・説明する」の例

専用の尊敬語型	おっしゃる
～れる・～られる型	言われる・話される・説明される
お（ご）～になる型	お話しになる・ご説明になる
お（ご）～なさる型	お話しなさる・ご説明なさる

■よく使われる謙譲語の形　「言う・話す・説明する」の例

専用の謙譲語型	申す・申し上げる
お（ご）～する型	お話しする・ご説明する
お（ご）～いたす型	お話しいたします・ご説明いたします

Point

　　同じ尊敬語・謙譲語でも, よく使われる代表的な形がある。ここではその一例をあげてみた。敬語の使い方に迷ったときなどは, まずはこの形を思い出すことで, 大抵の語はこの型にはめ込むことができる。同じ言葉を用いたほうがよりわかりやすいといえるので, 同義に使われる「言う・話す・説明する」を例に考えてみよう。

　　ほかにも「お話しくださる」や「お話しいただく」「お元気でいらっしゃる」などの形もあるが, まずは表の中の形を見直そう。

■よく使う動詞の尊敬語・謙譲語

なお，尊敬語の中の「言われる」などの「れる・られる」を付けた形は省力している。

基本	尊敬語（相手側）	謙譲語（自分側）
会う	お会いになる	お目にかかる・お会いする
言う	おっしゃる	申し上げる・申す
行く・来る	いらっしゃる おいでになる お見えになる お越しになる お出かけになる	伺う・参る お伺いする・参上する
いる	いらっしゃる・おいでになる	おる
思う	お思いになる	存じる
借りる	お借りになる	拝借する・お借りする
聞く	お聞きになる	拝聴する 拝聞する お伺いする・伺う お聞きする
知る	ご存じ（知っているという意で）	存じ上げる・存じる
する	なさる	いたす
食べる・飲む	召し上がる・お召し上がりになる お飲みになる	いただく・頂戴する
見る	ご覧になる	拝見する
読む	お読みになる	拝読する

「お伺いする」「お召し上がりになる」などは，「伺う」「召し上がる」自体が敬語なので「二重敬語」ですが，慣習として定着しており間違いではないもの。

┌─ Point ─

　上記の「敬語表」は，よく使うと思われる動詞をそれぞれ尊敬語・謙譲語で表したもの。このように大体の言葉は型にあてはめることができる。言葉の中には「お（ご）」が付かないものもあるが，その場合でも「〜なさる」を使って，「スピーチなさる」や「運営なさる」などと言うことができる。また，表では，「言う」の尊敬語「言われる」の例は省いているが，れる・られる型の「言われる」よりも「おっしゃる」「お話しになる」「お話しなさる」などの言い方のほうが，より敬意も高く，言葉としても何となく響きが落ち着くといった印象を受けるものとなる。

会話は相手があってのこと。いかなる場合でも，相手に対する心くばりを忘れないことが，会話をスムーズに進めるためのコツになる。

心くばりを添えるひと言で
言葉の印象が変わる!

　相手に何かを頼んだり，また相手の依頼を断ったり，相手の抗議に対して反論したりする場面では，いきなり自分の意見や用件を切り出すのではなく，場面に合わせて心くばりを伝えるひと言を添えてから本題に移ると，響きがやわらかくなり，こちらの意向も伝えやすくなる。俗にこれは「クッション言葉」と呼ばれている。（右表参照）

Point

　ビジネスの場面で，相手と話したり手紙やメールを送る際には，何か依頼事があってという場合が多いもの。その場合に「ちょっとお願いなんですが…」では，ふだんの会話と変わりがないものになってしまう。そこを「突然のお願いで恐れ入りますが」「急にご無理を申しまして」「こちらの勝手で恐縮に存じますが」「折り入ってお願いしたいことがございまして」などの一言を添えることで，直接的なきつい感じが和らぐだけでなく，「申し訳ないのだけれど，もしもそうしていただくことができればありがたい」という，相手への配慮や願いの気持ちがより強まる。このような前置きの言葉もうまく用いて，言葉に心くばりを添えよう。

相手の意向を尋ねる場合	「よろしければ」「お差し支えなければ」 「ご都合がよろしければ」「もしお時間がありましたら」 「もしお嫌いでなければ」「ご興味がおありでしたら」
相手に面倒を かけてしまうような場合	「お手数をおかけしますが」 「ご面倒をおかけしますが」 「お手を煩わせまして恐縮ですが」 「お忙しい時に申し訳ございませんが」 「お時間を割いていただき申し訳ありませんが」 「貴重なお時間を頂戴し恐縮ですが」
自分の都合を 述べるような場合	「こちらの勝手で恐縮ですが」 「こちらの都合（ばかり）で申し訳ないのですが」 「私どもの都合ばかりを申しまして，まことに申し訳なく存じますが」 「ご無理を申し上げまして恐縮ですが」
急な話をもちかけた場合	「突然のお願いで恐れ入りますが」 「急にご無理を申しまして」 「もっと早くにご相談申し上げるべきところでございましたが」 「差し迫ってのことでまことに申し訳ございませんが」
何度もお願いする場合	「たびたびお手数をおかけしまして恐縮に存じますが」 「重ね重ね恐縮に存じますが」 「何度もお手を煩わせまして申し訳ございませんが」 「ご面倒をおかけしてばかりで，まことに申し訳ございませんが」
難しいお願いをする場合	「ご無理を承知でお願いしたいのですが」 「たいへん申し上げにくいのですが」 「折り入ってお願いしたいことがございまして」
あまり親しくない相手に お願いする場合	「ぶしつけなお願いで恐縮ですが」 「ぶしつけながら」 「まことに厚かましいお願いでございますが」
相手の提案・誘いを断る場合	「申し訳ございませんが」 「（まことに）残念ながら」 「せっかくのご依頼ではございますが」 「たいへん恐縮ですが」 「身に余るお言葉ですが」 「まことに失礼とは存じますが」 「たいへん心苦しいのですが」 「お引き受けしたいのはやまやまですが」
問い合わせの場合	「つかぬことをうかがいますが」 「突然のお尋ねで恐縮ですが」

ここでは文章の書き方における，一般的な敬称について言及している。はがき，手紙，メール等，通信手段はさまざま。それぞれの特性をふまえて有効活用しよう。

相手の気持ちになって
見やすく美しく書こう

■敬称のいろいろ

敬称	使う場面	例
様	職名・役職のない個人	（例）飯田知子様／ご担当者様／経理部長　佐藤一夫様
殿	職名・組織名・役職のある個人（公用文など）	（例）人事部長殿／教育委員会殿／田中四郎殿
先生	職名・役職のない個人	（例）松井裕子先生
御中	企業・団体・官公庁などの組織	（例）○○株式会社御中
各位	複数あてに同一文書を出すとき	（例）お客様各位／会員各位

Point

　封筒・はがきの表書き・裏書きは縦書きが基本だが，洋封筒で親しい人にあてる場合は，横書きでも問題ない。いずれにせよ，定まった位置に，丁寧な文字でバランス良く，正確に記すことが大切。特に相手の住所や名前を乱雑な文字で書くのは，配達の際の間違いを引き起こすだけでなく，受け取る側に不快な思いをさせる。相手の気持ちになって，見やすく美しく書くよう心がけよう。

■各通信手段の長所と短所

	長所	短所	用途
封書	・封を開けなければ本人以外の目に触れることがない。 ・丁寧な印象を受ける。	・多量の資料・画像送付には不向き。 ・相手に届くまで時間がかかる。	・儀礼的な文書(礼状・わび状など) ・目上の人あての文書 ・重要な書類 ・他人に内容を読まれたくない文書
はがき・カード	・封書よりも気軽にやり取りできる。 ・年賀状や季節の便り,旅先からの連絡など絵はがきとしても楽しむことができる。	・封に入っていないため,第三者の目に触れることがある。 ・中身が見えるので,改まった礼状やわび状,こみ入った内容には不向き。 ・相手に届くまで時間がかかる。	・通知状　　　・案内状 ・送り状　　　・旅先からの便り ・各種お祝い　・お礼 ・季節の挨拶
ＦＡＸ	・手書きの図やイラストを文章といっしょに送れる。 ・すぐに届く。 ・控えが手元に残る。	・多量の資料の送付には不向き。 ・事務的な用途で使われることが多く,改まった内容の文書,初対面の人へは不向き。	・地図,イラストの入った文書 ・印刷物(本・雑誌など)
電話	・急ぎの連絡に便利。 ・相手の反応をすぐに確認できる。 ・直接声が聞けるので,安心感がある。	・連絡できる時間帯が制限される。 ・長々としたこみ入った内容は伝えづらい。	・緊急の用件 ・確実に用件を伝えたいとき
メール	・瞬時に届く。　・控えが残る。 ・コストが安い。 ・大容量の資料や画像をデータで送ることができる。 ・一度に大勢の人に送ることができる。 ・相手の居場所や状況を気にせず送れる。	・事務的な印象を与えるので,改まった礼状やわび状には不向き。 ・パソコンや携帯電話を持っていない人には送れない。 ・ウィルスなどへの対応が必要。	・データで送りたいとき ・ビジネス上の連絡

Point

　はがきは手軽で便利だが,おわびやお願い,格式を重んじる手紙には不向きとなる。この種の手紙は内容もこみ入ったものとなり,加えて丁寧な文章で書かなければならないので,数行で済むことはまず考えられない。また,封筒に入っていないため,他人の目に触れるという難点もある。このように,はがきにも長所と短所があるため,使う場面や相手によって,他の通信手段と使い分けることが必要となる。

　はがき以外にも,封書・電話・ＦＡＸ・メールなど,現代ではさまざまな通信手段がある。上に示したように,それぞれ長所と短所があるので,特徴を知って用途によって上手に使い分けよう。

社会人のマナーとして、電話応対のスキルは必要不可欠。まずは失礼なく電話に出ることからはじめよう。積極性が重要だ。

相手の顔が見えない分
対応には細心の注意を

■電話をかける場合

①　○○先生に電話をする

×「私、□□社の××と言いますが、○○様はおられますでしょうか？」

○「**××と申しますが、○○様はいらっしゃいますか？**」

「おられますか」は「おる」を謙譲語として使うため、通常は相手がいるかどうかに関しては、「いらっしゃる」を使うのが一般的。

②　相手の状況を確かめる

×「こんにちは、××です、先日のですね…」

○「**××です、先日は有り難うございました、今お時間よろしいでしょうか？**」

相手が忙しくないかどうか、状況を聞いてから話を始めるのがマナー。また、やむを得ず夜間や早朝、休日などに電話をかける際は、「夜分（朝早く）に申し訳ございません」「お休みのところ恐れ入ります」などのお詫びの言葉もひと言添えて話す。

③　相手が不在、何時ごろ戻るかを聞く場合

×「戻りは何時ごろですか？」

○「**何時ごろお戻りになりますでしょうか？**」

「戻り」はそのままの言い方、相手にはきちんと尊敬語を使う。

④　また自分からかけることを伝える

×「そうですか、ではまたかけますので」

○「**それではまた後ほど（改めて）お電話させていただきます**」

戻る時間がわかる場合は、「またお戻りになりましたころにでも」「また午後にでも」などの表現もできる。

■電話を受ける場合

①　電話を取ったら

×「はい，もしもし，○○（社名）ですが」
○「**はい，○○（社名）でございます**」

②　相手の名前を聞いて

×「どうも，どうも」
○「**いつもお世話になっております**」

　あいさつ言葉として定着している決まり文句ではあるが，日頃のお付き合いがあってこそ。あいさつ言葉もきちんと述べよう。「お世話様」という言葉も時折耳にするが，敬意が軽い言い方となる。適切な言葉を使い分けよう。

③　相手が名乗らない

×「どなたですか？」「どちらさまですか？」
○「**失礼ですが，お名前をうかがってもよろしいでしょうか？**」

　名乗るのが基本だが，尋ねる態度も失礼にならないように適切な応対を心がけよう。

④　電話番号や住所を教えてほしいと言われた場合

×「はい，いいでしょうか？」　　×「メモのご用意は？」
○「**はい，申し上げます，よろしいでしょうか？**」

　「メモのご用意は？」は，一見親切なようにも聞こえるが，尋ねる相手も用意していることがほとんど。押し付けがましくならない程度に。

⑤　上司への取次を頼まれた場合

×「はい，今代わります」　　×「○○部長ですね，お待ちください」
○「**部長の○○でございますね，ただいま代わりますので，少々お待ちくださいませ**」

　○○部長という表現は，相手側の言い方となる。自分側を述べる場合は，「部長の○○」「○○」が適切。

Point

　自分から電話をかける場合は，まずは自分の会社名や氏名を名乗るのがマナー。たとえ目的の相手が直接出た場合でも，電話では相手の様子が見えないことがほとんど。自分の勝手な判断で話し始めるのではなく，相手の都合を伺い，そのうえで話を始めるのが社会人として必要な気配りとなる。

デキるオトナをアピール
時候の挨拶

月	漢語調の表現 候，みぎりなどを付けて用いられます	口語調の表現
1月 (睦月)	初春・新春　頌春・小寒・大寒・厳寒	皆様におかれましては，よき初春をお迎えのことと存じます／厳しい寒さが続いております／珍しく暖かな寒の入りとなりました／大寒という言葉通りの厳しい寒さでございます
2月 (如月)	春寒・余寒・残寒・立春・梅花・向春	立春とは名ばかりの寒さ厳しい毎日でございます／梅の花もちらほらとふくらみ始め，春の訪れを感じる今日この頃です／春の訪れが待ち遠しいのころでございます
3月 (弥生)	早春・浅春・春寒・春分・春暖	寒さもようやくゆるみ，日ましに春めいてまいりました／ひと雨ごとに春めいてまいりました／日増しに暖かさが加わってまいりました
4月 (卯月)	春暖・陽春・桜花・桜花爛漫	桜花爛漫の季節を迎えました／春光うららかな好季節となりました／花冷えとでも申しましょうか，何だか肌寒い日が続いております
5月 (皐月)	新緑・薫風・惜春・晩春・立夏・若葉	風薫るさわやかな季節を迎えました／木々の緑が日にまぶしいようでございます／目に青葉，山ほととぎす，初鰹の句も思い出される季節となりました
6月 (水無月)	梅雨・向暑・初夏・薄暑・麦秋	初夏の風もさわやかな毎日でございます／梅雨前線が近づいてまいりました／梅雨の晴れ間にのぞく青空は，まさに夏を思わせるようです
7月 (文月)	盛夏・大暑・炎暑・酷暑・猛暑	梅雨が明けたとたん，うだるような暑さが続いております／長い梅雨も明け，いよいよ本格的な夏がやってまいりました／風鈴の音がわずかに涼を運んでくれているようです
8月 (葉月)	残暑・晩夏・処暑・秋暑	立秋とはほんとうに名ばかりの厳しい暑さの毎日です／残暑たえがたい毎日でございます／朝夕はいくらかしのぎやすくなってまいりました
9月 (長月)	初秋・新秋・爽秋・新涼・清涼	九月に入りましてもなお，日差しの強い毎日です／暑さもやっとおとろえはじめたようでございます／残暑も去り，ずいぶんとしのぎやすくなってまいりました
10月 (神無月)	清秋・錦秋・秋涼・秋冷・寒露	秋風もさわやかな過ごしやすい季節となりました／街路樹の葉も日ごとに色を増しております／紅葉の便りの聞かれるころとなりました／秋深く，日増しに冷気も加わってまいりました
11月 (霜月)	晩秋・暮秋・霜降・初霜・向寒	立冬を迎え，まさに冬到来を感じる寒さです／木枯らしの季節になりました／日ごとに冷気が増すようでございます／朝夕はひときわ冷え込むようになりました
12月 (師走)	寒冷・初冬・師走・歳晩	師走を迎え，何かと慌ただしい日々をお過ごしのことと存じます／年の瀬も押しつまり，何かとお忙しくお過ごしのことと存じます／今年も残すところわずかとなりました，お忙しい毎日とお察しいたします

シチュエーション別会話例

シチュエーション1　取引先との会話

「非常に素晴らしいお話で感心しました」→NG！

　「感心する」は相手の立派な行為や，優れた技量などに心を動かされるという意味。意味としては間違いではないが，目上の人に用いると，偉そうに聞こえかねない表現。「感動しました」などに言い換えるほうが好ましい。

シチュエーション2　子どもとの会話

「お母さんは，明日はいますか？」→NG！

　たとえ子どもとの会話でも，子どもの年齢によっては，ある程度の敬語を使うほうが好ましい。「明日はいらっしゃいますか」では，むずかしすぎると感じるならば，「お出かけですか」などと表現することもできる。

シチュエーション3　同僚との会話

「今，お暇ですか」→NG？

　同じ立場同士なので，暇に「お」が付いた形で「お暇」ぐらいでも構わないともいえるが，「暇」というのは，するべきことも何もない時間という意味。そのため「お暇ですか」では，あまりにも直接的になってしまう。その意味では「手が空いている」→「空いていらっしゃる」→「お手透き」などに言い換えることで，やわらかく敬意も含んだ表現になる。

シチュエーション4　上司との会話

「なるほどですね」→NG！

　「なるほど」とは，相手の言葉を受けて，自分も同意見であることを表すため，相手の言葉・意見を自分が評価するというニュアンスも含まれている。そのため自分が評価して述べているという偉そうな表現にもなりかねない。同じ同意ならば，頷き「おっしゃる通りです」などの言葉のほうが誤解なく伝わる。

就活スケジュールシート

■年間スケジュールシート

1月	2月	3月	4月	5月	6月
企業関連スケジュール					
自己の行動計画					

就職活動をすすめるうえで，当然重要になってくるのは，自己のスケジュール管理だ。企業の選考スケジュールを把握することも大切だが，自分のペースで進めることになる自己分析や業界・企業研究，面接試験のトレーニング等の計画を立てることも忘れてはいけない。スケジュールシートに「記入」する作業を通して，短期・長期の両方の面から就職試験を考えるきっかけにしよう。

7月	8月	9月	10月	11月	12月
企業関連スケジュール					
自己の行動計画					

第4章

SPI対策

ほとんどの企業では，基本的な資質や能力を見極める
ため適性検査を実施しており，現在最も使われている
のがリクルートが開発した「SPI」である。

テストの内容は，「言語能力」「非言語能力」「性格」
の3つに分かれている。その人がどんな人物で，どん
な仕事で力を発揮しやすいのか，また，どんな組織に
なじみやすいかなどを把握するために行われる。

この章では，SPIの「言語能力」及び「非言語能力」の
分野で，頻出内容を絞って，演習問題を構成している。
演習問題に複数回チャレンジし，解説をしっかりと熟
読して，学習効果を高めよう。

SPI 対策

●SPIとは

　SPIは，Synthetic Personality Inventoryの略称で，株式会社リクルートが開発・販売を行っている就職採用向けのテストである。昭和49年から提供が始まり，平成14年と平成25年の2回改訂が行われ，現在はSPI3が最新になる。

　SPIは，応募者の仕事に対する適性，職業の適性能力，興味や関心を見極めるのに適しており，現在の就職採用テストでは主流となっている。

　SPIは，「知的能力検査」と「性格検査」の2領域にわけて測定され，知的能力検査は「言語能力検査（国語）」と「非言語能力検査（数学）」に分かれている。オプション検査として，「英語（ENG）検査」を実施することもある。性格適性検査では，性格を細かく分析するために，非常に多くの質問が出される。SPIの性格適性検査では，正式な回答はなく，全ての質問に正直に答えることが重要である。

　本章では，その中から，「言語能力検査」と「非言語能力検査」に絞って収録している。

●SPIを利用する企業の目的

①：志望者から人数を絞る

　一部上場企業にもなると，数万単位の希望者が応募してくる。基本的な資質能力や会社への適性能力を見極めるため，SPIを使って，人数の絞り込みを行う。

②：知的能力を見極める

　SPIは，応募者1人1人の基本的な知的能力を比較することができ，それによって，受検者の相対的な知的能力を見極めることが可能になる。

③：性格をチェックする

　その職種に対する適性があるが，300程度の簡単な質問によって発想力やパーソナリティを見ていく。性格検査なので，正解というものはなく，正直に回答していくことが重要である。

●SPIの受検形式

SPIは，企業の会社説明会や会場で実施される「ペーパーテスト形式」と，パソコンを使った「テストセンター形式」とがある。

近年，ペーパーテスト形式は減少しており，ほとんどの企業が，パソコンを使ったテストセンター形式を採用している。志望する企業がどのようなテストを採用しているか，早めに確認し，対策を立てておくこと。

●SPIの出題形式

SPIは，言語分野，非言語分野，英語（ENG），性格適性検査に出題形式が分かれている。

科目	出題範囲・内容
言語分野	二語の関係，語句の意味，語句の用法，文の並び換え，空欄補充，熟語の成り立ち，文節の並び換え，長文読解　等
非言語分野	推論，場合の数，確率，集合，損益算，速度算，表の読み取り，資料の読み取り，長文読み取り　等
英語（ENG）	同意語，反意語，空欄補充，英英辞書，誤文訂正，和文英訳，長文読解　等
性格適性検査	質問：300問程度　時間：約35分

●受検対策

本章では，出題が予想される問題を厳選して収録している。問題と解答だけではなく，詳細な解説も収録しているので，分からないところは複数回問題を解いてみよう。

言語分野

同音異義語

●あいせき
哀惜　死を悲しみ惜しむこと
愛惜　惜しみ大切にすること
●いぎ
意義　意味・内容・価値
異議　他人と違う意見
威儀　いかめしい挙動
異義　異なった意味
●いし
意志　何かをする積極的な気持ち
意思　しようとする思い・考え
●いどう
異同　異なり・違い・差
移動　場所を移ること
異動　地位・勤務の変更
●かいこ
懐古　昔を懐かしく思うこと
回顧　過去を振り返ること
解雇　仕事を辞めさせること
●かいてい
改訂　内容を改め直すこと
改定　改めて定めること
●かんしん
関心　気にかかること
感心　心に強く感じること
歓心　嬉しいと思う心

寒心　肝を冷やすこと
●きてい
規定　規則・定め
規程　官公庁などの規則
●けんとう
見当　だいたいの推測・判断・
　　　めあて
検討　調べ究めること
●こうてい
工程　作業の順序
行程　距離・みちのり
●じき
直　　すぐに
時期　時・折り・季節
時季　季節・時節
時機　適切な機会
●しゅし
趣旨　趣意・理由・目的
主旨　中心的な意味
●たいけい
体型　人の体格
体形　人や動物の形態
体系　ある原理に基づき個々のも
　　　のを統一したもの
大系　系統立ててまとめた叢書
●たいしょう

対象　行為や活動が向けられる相手

対称　対応する位置にあること

対照　他のものと照らし合わせること

●たんせい

端正　人の行状が正しくきちんとしているさま

端整　人の容姿が整っているさま

●はんざつ

繁雑　ごたごたと込み入ること

煩雑　煩わしく込み入ること

●ほしょう

保障　保護して守ること

保証　確かだと請け合うこと

補償　損害を補い償うこと

●むち

無知　知識・学問がないこと

無恥　恥を知らないこと

●ようけん

要件　必要なこと

用件　なすべき仕事

同訓漢字

●あう

合う…好みに合う。答えが合う。

会う…客人と会う。立ち会う。

遭う…事故に遭う。盗難に遭う。

●あげる

上げる…プレゼントを上げる。効果を上げる。

挙げる…手を挙げる。全力を挙げる。

揚げる…凧を揚げる。てんぷらを揚げる。

●あつい

暑い…夏は暑い。暑い部屋。

熱い…熱いお湯。熱い視線を送る。

厚い…厚い紙。面の皮が厚い。

篤い…志の篤い人。篤い信仰。

●うつす

写す…写真を写す。文章を写す。

映す…映画をスクリーンに映す。鏡に姿を映す。

●おかす

冒す…危険を冒す。病に冒された人。

犯す…犯罪を犯す。法律を犯す。

侵す…領空を侵す。プライバシーを侵す。

●おさめる

治める…領地を治める。水を治める。

収める…利益を収める。争いを収める。

修める…学問を修める。身を修める。

納める…税金を納める。品物を納める。

●かえる

変える…世界を変える。性格を変える。

代える…役割を代える。背に腹は代えられぬ。

替える…円をドルに替える。服を
　　　替える。

●きく
聞く…うわさ話を聞く。明日の天
　　　気を聞く。
聴く…音楽を聴く。講義を聴く。

●しめる
閉める…門を閉める。ドアを閉め
　　　　る。
締める…ネクタイを締める。気を
　　　　引き締める。
絞める…首を絞める。絞め技をか
　　　　ける。

●すすめる
進める…足を進める。話を進める。
勧める…縁談を勧める。加入を勧
　　　　める。
薦める…生徒会長に薦める。

●つく
付く…傷が付いた眼鏡。気が付く。
着く…待ち合わせ場所の公園に着
　　　く。地に足が着く。

就く…仕事に就く。外野の守備に
　　　就く。

●つとめる
務める…日本代表を務める。主役
　　　　を務める。
努める…問題解決に努める。療養
　　　　に努める。
勤める…大学に勤める。会社に勤
　　　　める。

●のぞむ
望む…自分の望んだ夢を追いかけ
　　　る。
臨む…記者会見に臨む。決勝に臨
　　　む。

●はかる
計る…時間を計る。将来を計る。
測る…飛行距離を測る。水深を測
　　　る。

●みる
見る…月を見る。ライオンを見る。
診る…患者を診る。脈を診る。

演習問題

1 カタカナで記した部分の漢字として適切なものはどれか。
　　1　手続きがハンザツだ　　　　　　【汎雑】
　　2　誤りをカンカすることはできない　【観過】
　　3　ゲキヤクなので取扱いに注意する　【激薬】
　　4　クジュウに満ちた選択だった　　　【苦重】
　　5　キセイの基準に従う　　　　　　　【既成】

2 下線部の漢字として適切なものはどれか。

家で飼っている熱帯魚を<u>かんしょう</u>する。

1　干渉
2　観賞
3　感傷
4　勧奨
5　鑑賞

3 下線部の漢字として適切なものはどれか。

彼に責任を<u>ついきゅう</u>する。

1　追窮
2　追究
3　追給
4　追求
5　追及

4 下線部の語句について，両方とも正しい表記をしているものはどれか。

1　私と母とは<u>相生</u>がいい。　　・この歌を<u>愛唱</u>している。
2　それは<u>規成</u>の事実である。　・<u>既製品</u>を買ってくる。
3　<u>同音異義語</u>を見つける。　　・会議で<u>意議</u>を申し立てる。
4　選挙の<u>大勢</u>が決まる。　　　・作曲家として<u>大成</u>する。
5　<u>無常</u>の喜びを味わう。　　　・<u>無情</u>にも雨が降る。

5 下線部の漢字として適切なものはどれか。

彼の体調は<u>かいほう</u>に向かっている。

1　介抱
2　快方
3　解放
4　回報
5　開放

○○○解答・解説○○○

1 5

解説 1 「煩雑」が正しい。「汎」は「汎用(はんよう)」などと使う。
2 「看過」が正しい。「観」は「観光」や「観察」などと使う。 3 「劇薬」
が正しい。「少量の使用であってもはげしい作用のするもの」という意味
であるが「激」を使わないことに注意する。 4 「苦渋」が正しい。苦し
み悩むという意味で,「苦悩」と同意であると考えてよい。 5 「既成概
念」などと使う場合もある。同音で「既製」という言葉があるが,これは
「既製服」や「既製品」という言葉で用いる。

2 2

解説 同音異義語や同訓異字の問題は,その漢字を知っているだけで
は対処できない。「植物や魚などの美しいものを見て楽しむ」場合は「観
賞」を用いる。なお,「芸術作品」に関する場合は「鑑賞」を用いる。

3 5

解説 「ついきゅう」は,特に「追究」「追求」「追及」が頻出である。「追
究」は「あることについて徹底的に明らかにしようとすること」,「追求」
は「あるものを手に入れようとすること」,「追及」は「後から厳しく調べ
ること」という意味である。ここでは,「責任」という言葉の後にあるので,
「厳しく」という意味が含まれている「追及」が適切である。

4 4

解説 1の「相生」は「相性」,2の「規成」は「既成」,3の「意議」は「異
議」,5の「無常」は「無上」が正しい。

5 2

解説 「快方」は「よい方向に向かっている」という意味である。なお,
1は病気の人の世話をすること,3は束縛を解いて自由にすること,4は
複数人で回し読む文書,5は出入り自由として開け放つ,の意味。

熟語

四字熟語

- [ ] 曖昧模糊　あいまいもこ─はっきりしないこと。
- [ ] 阿鼻叫喚　あびきょうかん─苦しみに耐えられないで泣き叫ぶこと。はなはだしい惨状を形容する語。
- [ ] 暗中模索　あんちゅうもさく─暗闇で手さぐりでものを探すこと。様子がつかめずどうすればよいかわからないままやってみること。
- [ ] 以心伝心　いしんでんしん─無言のうちに心から心に意思が通じ合うこと。
- [ ] 一言居士　いちげんこじ─何事についても自分の意見を言わなければ気のすまない人。
- [ ] 一期一会　いちごいちえ─一生のうち一度だけの機会。
- [ ] 一日千秋　いちじつせんしゅう─一日会わなければ千年も会わないように感じられることから，一日が非常に長く感じられること。
- [ ] 一念発起　いちねんほっき─決心して信仰の道に入ること。転じてある事を成就させるために決心すること。
- [ ] 一網打尽　いちもうだじん─一網打つだけで多くの魚を捕らえることから，一度に全部捕らえること。
- [ ] 一獲千金　いっかくせんきん─一時にたやすく莫大な利益を得ること。
- [ ] 一挙両得　いっきょりょうとく─一つの行動で二つの利益を得ること。
- [ ] 意馬心猿　いばしんえん─馬が走り，猿が騒ぐのを抑制できないことにたとえ，煩悩や欲望の抑えられないさま。
- [ ] 意味深長　いみしんちょう─意味が深く含蓄のあること。
- [ ] 因果応報　いんがおうほう─よい行いにはよい報いが，悪い行いには悪い報いがあり，因と果とは相応じるものであるということ。
- [ ] 慇懃無礼　いんぎんぶれい─うわべはあくまでも丁寧だが，実は尊大であること。
- [ ] 有為転変　ういてんぺん─世の中の物事の移りやすくはかない様子のこと。
- [ ] 右往左往　うおうさおう─多くの人が秩序もなく動き，あっちへ行ったりこっちへ来たり，混乱すること。

□右顧左眄　うこさべん―右を見たり，左を見たり，周囲の様子ばかりう
　　　　　かがっていて決断しないこと。

□有象無象　うぞうむぞう―世の中の無形有形の一切のもの。たくさん集
　　　　　まったつまらない人々。

□海千山千　うみせんやません―経験を積み，その世界の裏まで知り抜い
　　　　　ている老獪な人。

□紆余曲折　うよきょくせつ―まがりくねっていること。事情が込み入っ
　　　　　て，状況がいろいろ変化すること。

□雲散霧消　うんさんむしょう―雲や霧が消えるように，あとかたもなく
　　　　　消えること。

□栄枯盛衰　えいこせいすい―草木が繁り，枯れていくように，盛んになっ
　　　　　たり衰えたりすること。世の中の浮き沈みのこと。

□栄耀栄華　えいようえいが―権力や富貴をきわめ，おごりたかぶること。

□会者定離　えしゃじょうり―会う者は必ず離れる運命をもつというこ
　　　　　と。人生の無常を説いたことば。

□岡目八目　おかめはちもく―局外に立ち，第三者の立場で物事を観察す
　　　　　ると，その是非や損失がよくわかるということ。

□温故知新　おんこちしん―古い事柄を究め新しい知識や見解を得るこ
　　　　　と。

□臥薪嘗胆　がしんしょうたん―たきぎの中に寝，きもをなめる意で，目
　　　　　的を達成するのために苦心，苦労を重ねること。

□花鳥風月　かちょうふうげつ―自然界の美しい風景，風雅のこころ。

□我田引水　がでんいんすい―自分の利益となるように発言したり行動し
　　　　　たりすること。

□画竜点睛　がりょうてんせい―竜を描いて最後にひとみを描き加えたと
　　　　　ころ，天に上ったという故事から，物事を完成させるために
　　　　　最後に付け加える大切な仕上げ。

□夏炉冬扇　かろとうせん―夏の火鉢，冬の扇のようにその場に必要のな
　　　　　い事物。

□危急存亡　ききゅうそんぼう―危機が迫ってこのまま生き残れるか滅び
　　　　　るかの瀬戸際。

□疑心暗鬼　ぎしんあんき―心の疑いが妄想を引き起こして実際にはいな
　　　　　い鬼の姿が見えるようになることから，疑心が起こると何で

もないことまで恐ろしくなること。
- □玉石混交　ぎょくせきこんこう―すぐれたものとそうでないものが入り混じっていること。
- □荒唐無稽　こうとうむけい―言葉や考えによりどころがなく，とりとめもないこと。
- □五里霧中　ごりむちゅう―迷って考えの定まらないこと。
- □針小棒大　しんしょうぼうだい―物事を大袈裟にいうこと。
- □大同小異　だいどうしょうい―細部は異なっているが総体的には同じであること。
- □馬耳東風　ばじとうふう―人の意見や批評を全く気にかけず聞き流すこと。
- □波瀾万丈　はらんばんじょう―さまざまな事件が次々と起き，変化に富むこと。
- □付和雷同　ふわらいどう――定の見識がなくただ人の説にわけもなく賛同すること。
- □粉骨砕身　ふんこつさいしん―力の限り努力すること。
- □羊頭狗肉　ようとうくにく―外見は立派だが内容がともなわないこと。
- □竜頭蛇尾　りゅうとうだび―初めは勢いがさかんだが最後はふるわないこと。
- □臨機応変　りんきおうへん―時と場所に応じて適当な処置をとること。

演習問題

1 「海千山千」の意味として適切なものはどれか。
1 様々な経験を積み，世間の表裏を知り尽くしてずる賢いこと
2 今までに例がなく，これからもあり得ないような非常に珍しいこと
3 人をだまし丸め込む手段や技巧のこと
4 一人で千人の敵を相手にできるほど強いこと
5 広くて果てしないこと

2 四字熟語として適切なものはどれか。
　1　竜頭堕尾
　2　沈思黙考
　3　孟母断危
　4　理路正然
　5　猪突猛伸

3 四字熟語の漢字の使い方がすべて正しいものはどれか。
　1　純真無垢　　　青天白日　　　疑心暗鬼
　2　短刀直入　　　自我自賛　　　危機一髪
　3　厚顔無知　　　思考錯誤　　　言語同断
　4　異句同音　　　一鳥一石　　　好機当来
　5　意味深長　　　興味深々　　　五里霧中

4 「一蓮托生」の意味として適切なものはどれか。
　1　一味の者を一度で全部つかまえること。
　2　物事が順調に進行すること。
　3　ほかの事に注意をそらさず，一つの事に心を集中させているさま。
　4　善くても悪くても行動・運命をともにすること。
　5　妥当なものはない。

5 故事成語の意味で適切なものはどれか。
　「塞翁(さいおう)が馬」
　1　たいして差がない
　2　幸不幸は予測できない
　3　肝心なものが欠けている
　4　実行してみれば意外と簡単
　5　努力がすべてむだに終わる

1 1

解説 2は「空前絶後」，3は「手練手管」，4は「一騎当千」，5は「広大無辺」である。

2 2

解説 2の沈思黙考は，「思いにしずむこと。深く考えこむこと。」の意味である。なお，1は竜頭蛇尾（始めは勢いが盛んでも，終わりにはふるわないこと），3は孟母断機（孟子の母が織りかけの織布を断って，学問を中途でやめれば，この断機と同じであると戒めた譬え），4は理路整然（話や議論の筋道が整っていること），5は猪突猛進（いのししのように向こう見ずに一直線に進むこと）が正しい。

3 1

解説 2は「単刀直入」「自画自賛」，3は「厚顔無恥」「試行錯誤」「言語道断」，4は「異口同音」「一朝一夕」「好機到来」，5は「興味津々」が正しい。四字熟語の意味を理解する際，どのような字で書かれているかを意識するとよい。

4 4

解説 「一蓮托生」は，よい行いをした者は天国に行き，同じ蓮の花の上に生まれ変わるという仏教の教えから，「（ことの善悪にかかわらず）仲間として行動や運命をともにすること」をいう。

5 2

解説 「塞翁が馬」は「人間万事塞翁が馬」と表す場合もある。1は「五十歩百歩」，3は「画竜点睛に欠く」，4は「案ずるより産むが易し」，5は「水泡に帰する」の故事成語の意味である。

非言語分野

演習問題

1 分数 $\dfrac{30}{7}$ を小数で表したとき，小数第100位の数字として正しいものはどれか。

 1 1 2 2 3 4 4 5 5 7

2 $x = \sqrt{2} - 1$ のとき，$x + \dfrac{1}{x}$ の値として正しいものはどれか。

 1 $2\sqrt{2}$ 2 $2\sqrt{2} - 2$ 3 $2\sqrt{2} - 1$ 4 $3\sqrt{2} - 3$

 5 $3\sqrt{2} - 2$

3 360の約数の総和として正しいものはどれか。

 1 1060 2 1170 3 1250 4 1280 5 1360

4 $\dfrac{x}{2} = \dfrac{y}{3} = \dfrac{z}{5}$ のとき，$\dfrac{x - y + z}{3x + y - z}$ の値として正しいものはどれか。

 1 -2 2 -1 3 $\dfrac{1}{2}$ 4 1 5 $\dfrac{3}{2}$

5 $\dfrac{\sqrt{2}}{\sqrt{2} - 1}$ の整数部分を a，小数部分を b とするとき，$a \times b$ の値として正しいものは次のうちどれか。

 1 $\sqrt{2}$ 2 $2\sqrt{2} - 2$ 3 $2\sqrt{2} - 1$ 4 $3\sqrt{2} - 3$

 5 $3\sqrt{2} - 2$

6 $x = \sqrt{5} + \sqrt{2}$，$y = \sqrt{5} - \sqrt{2}$ のとき，$x^2 + xy + y^2$ の値として正しいものはどれか。

 1 15 2 16 3 17 4 18 5 19

7 $\frac{\sqrt{2}}{\sqrt{2}-1}$ の整数部分をa, 小数部分をbとするとき, b^2 の値として正しいものはどれか。

  1 $2-\sqrt{2}$ 2 $1+\sqrt{2}$ 3 $2+\sqrt{2}$ 4 $3+\sqrt{2}$

  5 $3-2\sqrt{2}$

8 ある中学校の生徒全員のうち, 男子の7.5％, 女子の6.4％を合わせて37人がバドミントン部員であり, 男子の2.5％, 女子の7.2％を合わせて25人が吹奏楽部員である。この中学校の女子全員の人数は何人か。

  1 246人   2 248人   3 250人   4 252人   5 254人

9 連続した3つの正の偶数がある。その小さい方2数の2乗の和は, 一番大きい数の2乗に等しいという。この3つの数のうち, 最も大きい数として正しいものはどれか。

  1 6   2 8   3 10   4 12   5 14

○○○解答・解説○○○

1 5

解説 実際に30を7で割ってみると,
$\frac{30}{7}$ = 4.28571428571…… となり, 小数点以下は, 6つの数字 "285714" が繰り返されることがわかる。100÷6＝16余り4だから, 小数第100位は, "285714" のうちの4つ目の "7" である。

2 1

解説 $x=\sqrt{2}-1$を$x+\dfrac{1}{x}$に代入すると,

$$x+\frac{1}{x}=\sqrt{2}-1+\frac{1}{\sqrt{2}-1}=\sqrt{2}-1+\frac{\sqrt{2}+1}{(\sqrt{2}-1)(\sqrt{2}+1)}$$

$$=\sqrt{2}-1+\frac{\sqrt{2}+1}{2-1}$$

$$=\sqrt{2}-1+\sqrt{2}+1=2\sqrt{2}$$

$\boxed{3}$ 2

解説　360を素因数分解すると，$360 = 2^3 \times 3^2 \times 5$ であるから，約数の総和は $(1 + 2 + 2^2 + 2^3)(1 + 3 + 3^2)(1 + 5) = (1 + 2 + 4 + 8)(1 + 3 + 9)(1 + 5) = 15 \times 13 \times 6 = 1170$ である。

$\boxed{4}$ 4

解説　$\dfrac{x}{2} = \dfrac{y}{3} = \dfrac{z}{5} = A$　とおく。

$x = 2A$，$y = 3A$，$z = 5A$　となるから，

$x - y + z = 2A - 3A + 5A = 4A$，$3x + y - z = 6A + 3A - 5A = 4A$

したがって，$\dfrac{x - y + z}{3x + y - z} = \dfrac{4A}{4A} = 1$　である。

$\boxed{5}$ 4

解説　分母を有理化する。

$$\frac{\sqrt{2}}{\sqrt{2} - 1} = \frac{\sqrt{2}(\sqrt{2} + 1)}{(\sqrt{2} - 1)(\sqrt{2} + 1)} = \frac{2 + \sqrt{2}}{2 - 1} = 2 + \sqrt{2} = 2 + 1.414\cdots = 3.414\cdots$$

であるから，$a = 3$ であり，$b = (2 + \sqrt{2}) - 3 = \sqrt{2} - 1$ となる。

したがって，$a \times b = 3(\sqrt{2} - 1) = 3\sqrt{2} - 3$

$\boxed{6}$ 3

解説　$(x + y)^2 = x^2 + 2xy + y^2$ であるから，

$x^2 + xy + y^2 = (x + y)^2 - xy$ と表せる。

ここで，$x + y = (\sqrt{5} + \sqrt{2}) + (\sqrt{5} - \sqrt{2}) = 2\sqrt{5}$，

　　　　$xy = (\sqrt{5} + \sqrt{2})(\sqrt{5} - \sqrt{2}) = 5 - 2 = 3$

であるから，求める $(x + y)^2 - xy = (2\sqrt{5})^2 - 3 = 20 - 3 = 17$

$\boxed{7}$ 5

解説　分母を有理化すると，

$$\frac{\sqrt{2}}{\sqrt{2} - 1} = \frac{\sqrt{2}(\sqrt{2} + 1)}{(\sqrt{2} - 1)(\sqrt{2} + 1)} = \frac{2 + \sqrt{2}}{2 - 1} = 2 + \sqrt{2}$$

$\sqrt{2} = 1.4142\cdots\cdots$ であるから，$2 + \sqrt{2} = 2 + 1.4142\cdots\cdots = 3.14142\cdots\cdots$

したがって，$a = 3$，$b = 2 + \sqrt{2} - 3 = \sqrt{2} - 1$ といえる。

したがって，$b^2 = (\sqrt{2} - 1)^2 = 2 - 2\sqrt{2} + 1 = 3 - 2\sqrt{2}$ である。

8 3

解説 男子全員の人数をx，女子全員の人数をyとする。

$0.075x + 0.064y = 37\cdots$①

$0.025x + 0.072y = 25\cdots$②

①－②×3より

$$-)\begin{cases} 0.075x + 0.064y = 37\cdots① \\ 0.075x + 0.216y = 75\cdots②' \end{cases}$$

$$- 0.152y = - 38$$

∴ $152y = 38000$ ∴ $y = 250$ $x = 280$

よって，女子全員の人数は250人。

9 3

解説 3つのうちの一番小さいものを$x(x>0)$とすると，連続した3つの正の偶数は，x，$x+2$，$x+4$であるから，与えられた条件より，次の式が成り立つ。$x^2+(x+2)^2=(x+4)^2$ かっこを取って，$x^2+x^2+4x+4=x^2+8x+16$ 整理して，$x^2-4x-12=0$ よって，$(x+2)(x-6)=0$ よって，$x=-2$, 6 $x>0$だから，$x=6$である。したがって，3つの偶数は，6, 8, 10である。このうち最も大きいものは，10である。

速さ・距離・時間

演習問題

1 家から駅までの道のりは30kmである。この道のりを，初めは時速5km，途中から，時速4kmで歩いたら，所要時間は7時間であった。時速5kmで歩いた道のりとして正しいものはどれか。

   1 8km   2 10km   3 12km   4 14km   5 15km

2 横の長さが縦の長さの2倍である長方形の厚紙がある。この厚紙の四すみから，一辺の長さが4cmの正方形を切り取って，折り曲げ，ふたのない直方体の容器を作る。その容積が64cm³のとき，もとの厚紙の縦の長さとして正しいものはどれか。

   1 $6-2\sqrt{3}$ 2 $6-\sqrt{3}$ 3 $6+\sqrt{3}$ 4 $6+2\sqrt{3}$
   5 $6+3\sqrt{3}$

3 縦50m，横60mの長方形の土地がある。この土地に，図のような直角に交わる同じ幅の通路を作る。通路の面積を土地全体の面積の $\dfrac{1}{3}$ 以下にするには，通路の幅を何m以下にすればよいか。

   1 8m   2 8.5m   3 9m   4 10m
   5 10.5m

4 下の図のような，曲線部分が半円で，1周の長さが240mのトラックを作る。中央の長方形ABCDの部分の面積を最大にするには，直線部分ADの長さを何mにすればよいか。次から選べ。

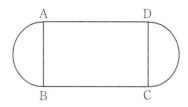

   1 56m   2 58m   3 60m   4 62m   5 64m

5 AとBの2つのタンクがあり，Aには8m³，Bには5m³の水が入っている。Aには毎分1.2m³，Bには毎分0.5m³ずつの割合で同時に水を入れ始めると，Aの水の量がBの水の量の2倍以上になるのは何分後からか。正しいものはどれか。

 1　8分後　　2　9分後　　3　10分後　　4　11分後　　5　12分後

1 2

解説　時速5kmで歩いた道のりを$x$kmとすると，時速4kmで歩いた道のりは，$(30-x)$kmであり，時間＝距離÷速さ　であるから，次の式が成り立つ。

$$\frac{x}{5} + \frac{30-x}{4} = 7$$

両辺に20をかけて，$4x + 5(30-x) = 7 \times 20$

整理して，$4x + 150 - 5x = 140$

よって，$x = 10$ である。

2 4

解説　厚紙の縦の長さを$x$cmとすると，横の長さは$2x$cmである。また，このとき，容器の底面は，縦$(x-8)$cm，横$(2x-8)$cmの長方形で，容器の高さは4cmである。

厚紙の縦，横，及び，容器の縦，横の長さは正の数であるから，

　　$x > 0, \ x - 8 > 0, \ 2x - 8 > 0$

すなわち，$x > 8$……①

容器の容積が64cm³であるから，

$4(x-8)(2x-8) = 64$ となり，

　　$(x-8)(2x-8) = 16$

これより，$(x-8)(x-4) = 8$

$x^2 - 12x + 32 = 8$となり，$x^2 - 12x + 24 = 0$

よって，$x = 6 \pm \sqrt{6^2 - 24} = 6 \pm \sqrt{12} = 6 \pm 2\sqrt{3}$

このうち①を満たすものは，$x = 6 + 2\sqrt{3}$

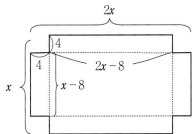

3 4

解説 通路の幅をxmとすると，$0<x<50$……①

また，$50x+60x-x^2\leqq1000$

よって，$(x-10)(x-100)\geqq0$

したがって，$x\leqq10$，$100\leqq x$……②

①②より，$0<x\leqq10$　つまり，10m以下。

4 3

解説 直線部分ADの長さをxmとおくと，$0<2x<240$より，

xのとる値の範囲は，$0<x<120$である。

半円の半径をrmとおくと，

$2\pi r=240-2x$より，

$r=\dfrac{120}{\pi}-\dfrac{x}{\pi}=\dfrac{1}{\pi}(120-x)$

長方形ABCDの面積をym²とすると，

$y=2r\cdot x=2\cdot\dfrac{1}{\pi}(120-x)x$

$=-\dfrac{2}{\pi}(x^2-120x)$

$=-\dfrac{2}{\pi}(x-60)^2+\dfrac{7200}{\pi}$

この関数のグラフは，図のようになる。yは$x=60$のとき最大となる。

5 3

解説 x分後から2倍以上になるとすると，題意より次の不等式が成り立つ。

$8+1.2x\geqq2(5+0.5x)$

かっこをはずして，$8+1.2x\geqq10+x$

整理して，$0.2x\geqq2$　よって，$x\geqq10$

つまり10分後から2倍以上になる。

組み合わせ・確率

演習問題

1 1個のさいころを続けて3回投げるとき，目の和が偶数になるような場合は何通りあるか。正しいものを選べ。

1　106通り　　2　108通り　　3　110通り　　4　112通り
5　115通り

2 A，B，C，D，E，Fの6人が2人のグループを3つ作るとき，AとBが同じグループになる確率はどれか。正しいものを選べ。

1　$\dfrac{1}{6}$　　2　$\dfrac{1}{5}$　　3　$\dfrac{1}{4}$　　4　$\dfrac{1}{3}$　　5　$\dfrac{1}{2}$

○○○解答・解説○○○

1 2

解説　和が偶数になるのは，3回とも偶数の場合と，偶数が1回で，残りの2回が奇数の場合である。さいころの目は，偶数と奇数はそれぞれ3個だから，

(1)　3回とも偶数：$3 \times 3 \times 3 = 27$〔通り〕
(2)　偶数が1回で，残りの2回が奇数
　　・偶数/奇数/奇数：$3 \times 3 \times 3 = 27$〔通り〕
　　・奇数/偶数/奇数：$3 \times 3 \times 3 = 27$〔通り〕
　　・奇数/奇数/偶数：$3 \times 3 \times 3 = 27$〔通り〕
したがって，合計すると，$27 + (27 \times 3) = 108$〔通り〕である。

2 2

解説　A，B，C，D，E，Fの6人が2人のグループを3つ作るときの，すべての作り方は$\dfrac{{}_6C_2 \times {}_4C_2}{3!} = 15$通り。このうち，AとBが同じグループになるグループの作り方は$\dfrac{{}_4C_2}{2!} = 3$通り。よって，求める確率は$\dfrac{3}{15} = \dfrac{1}{5}$である。

演習問題

1 次の図で，直方体ABCD－EFGHの辺 AB，BCの中点をそれぞれ M，Nとする。この直方体を3点M，F，Nを通る平面で切り，頂点B を含むほうの立体をとりさる。AD＝DC ＝8cm，AE＝6cmのとき，△MFNの 面積として正しいものはどれか。

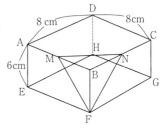

1 $3\sqrt{22}$ 〔cm²〕　　2 $4\sqrt{22}$ 〔cm²〕
3 $5\sqrt{22}$ 〔cm²〕　　4 $4\sqrt{26}$ 〔cm²〕
5 $4\sqrt{26}$ 〔cm²〕

2 右の図において，四角形ABCDは円に内 接しており，弧BC＝弧CDである。AB，AD の延長と点Cにおけるこの円の接線との交点 をそれぞれP，Qとする。AC＝4cm，CD＝ 2cm，DA＝3cmとするとき，△BPCと△ APQの面積比として正しいものはどれか。

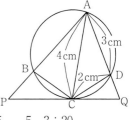

1 1：5　　2 1：6　　3 1：7　　4 2：15　　5 3：20

3 1辺の長さが15のひし形がある。その対角線の長さの差は6である。 このひし形の面積として正しいものは次のどれか。

1 208　　2 210　　3 212　　4 214　　5 216

4 右の図において，円C_1の 半径は2，円C_2の半径は5，2 円の中心間の距離は$O_1O_2＝9$ である。2円の共通外接線lと2 円C_1，C_2との接点をそれぞれA， Bとするとき，線分ABの長さ として正しいものは次のどれ か。

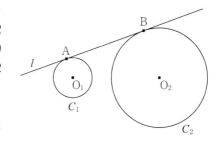

1 $3\sqrt{7}$　　2 8　　3 $6\sqrt{2}$　　4 $5\sqrt{3}$　　5 $4\sqrt{5}$

5 下の図において，点Eは，平行四辺形ABCDの辺BC上の点で，AB ＝AEである。また，点Fは，線分AE上の点で，∠AFD＝90°である。 ∠ABE＝70°のとき，∠CDFの大きさとして正しいものはどれか。

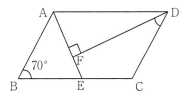

1 48° 　　2 49° 　　3 50° 　　4 51° 　　5 52°

6 底面の円の半径が4で，母線の長さが 12の直円すいがある。この円すいに内接 する球の半径として正しいものは次のど れか。

1 $2\sqrt{2}$

2 3

3 $2\sqrt{3}$

4 $\dfrac{8}{3}\sqrt{2}$

5 $\dfrac{8}{3}\sqrt{3}$

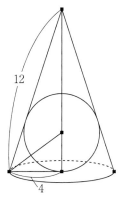

○○○解答・解説○○○

1 2

解説 △MFNはMF＝NFの二等辺三角形。MB＝$\dfrac{8}{2}$＝4, BF＝6より，

MF^2＝4^2＋6^2＝52

また，MN＝$4\sqrt{2}$

FからMNに垂線FTを引くと，△MFTで三平方の定理より，

FT^2＝MF^2－MT^2＝52－$\left(\dfrac{4\sqrt{2}}{2}\right)^2$＝52－8＝44

よって，FT＝$\sqrt{44}$＝$2\sqrt{11}$

したがって，△MFN＝$\dfrac{1}{2}$・$4\sqrt{2}$・$2\sqrt{11}$＝$4\sqrt{22}$〔cm^2〕

$\boxed{2}$ 3

解説　∠PBC＝∠CDA，　∠PCB＝∠BAC＝∠CADから，
△BPC∽△DCA
相似比は2：3，面積比は，4：9
また，△CQD∽△AQCで，相似比は1：2，面積比は1：4
したがって，△DCA：△AQC＝3：4
よって，△BPC：△DCA：△AQC＝4：9：12
さらに，△BPC∽△CPAで，相似比1：2，面積比1：4
よって，△BPC：△APQ＝4：（16＋12）＝4：28＝1：7

$\boxed{3}$ 5

解説　対角線のうちの短い方の長さの半分の長さをxとすると，長い方の対角線の長さの半分は，$(x+3)$と表せるから，三平方の定理より次の式がなりたつ。

$x^2+(x+3)^2=15^2$

整理して，$2x^2+6x-216=0$　よって，$x^2+3x-108=0$
$(x-9)(x+12)=0$より，$x=9, -12$　xは正だから，$x=9$である。

したがって，求める面積は，$4 \times \dfrac{9 \times (9+3)}{2} = 216$

$\boxed{4}$ 5

解説　円の接線と半径より
$O_1A \perp l$, $O_2B \perp l$であるから，
点O_1から線分O_2Bに垂線O_1Hを
下ろすと，四角形AO_1HBは長方
形で，

HB＝O_1A＝2だから，
O_2H＝3
△O_1O_2Hで三平方の定理より，
O_1H＝$\sqrt{9^2-3^2}=6\sqrt{2}$
よって，AB＝O_1H＝$6\sqrt{2}$

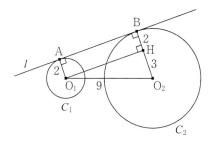

解説 ∠AEB = ∠ABE = 70° より, ∠AEC = 180 − 70 = 110°

また, ∠ABE + ∠ECD = 180° より, ∠ECD = 110°

四角形FECDにおいて, 四角形の内角の和は360°だから,

∠CDF = 360° − (90° + 110° + 110°) = 50°

[6] 1

解説 円すいの頂点をA, 球の中心を
O, 底面の円の中心をHとする。3点A, O,
Hを含む平面でこの立体を切断すると,
断面は図のような二等辺三角形とその内
接円であり, 求めるものは内接円の半径
OHである。

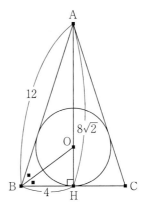

△ABHで三平方の定理より,

AH = $\sqrt{12^2 - 4^2}$ = $8\sqrt{2}$

Oは三角形ABCの内心だから, BO
は∠ABHの2等分線である。

よって, AO : OH = BA : BH = 3 : 1

OH = $\frac{1}{4}$ AH = $2\sqrt{2}$

推理・推論

演習問題

1 　O市，P市，Q市の人口密度（1km²あたりの人口）を下表に示してある，O市とQ市の面積は等しく，Q市の面積はP市の2倍である。

市	人口密度
O	390
P	270
Q	465

このとき，次の推論ア，イの正誤として，正しいものはどれか。

　ア　P市とQ市を合わせた地域の人口密度は300である
　イ　P市の人口はQ市の人口より多い
　　1　アもイも正しい
　　2　アは正しいが，イは誤り
　　3　アは誤りだが，イは正しい
　　4　アもイも誤り
　　5　アもイもどちらとも決まらない

2 　2から10までの数を1つずつ書いた9枚のカードがある。A，B，Cの3人がこの中から任意の3枚ずつを取ったところ，Aの取ったカードに書かれていた数の合計は15で，その中には，5が入っていた。Bの取ったカードに書かれていた数の合計は16で，その中には，8が入っていた。Cの取ったカードに書かれていた数の中に入っていた数の1つは，次のうちのどれか。

　　1　2　　　2　3　　　3　4　　　4　6　　　5　7

3 　体重の異なる8人が，シーソーを使用して，一番重い人と2番目に重い人を選び出したい。シーソーでの重さ比べを，少なくとも何回行わなければならないか。ただし，シーソーには両側に1人ずつしか乗らないものとする。

　　1　6回　　　2　7回　　　3　8回　　　4　9回　　　5　10回

4 A～Fの6人がゲーム大会をして，優勝者が決定された。このゲーム大会の前に6人は，それぞれ次のように予想を述べていた。予想が当たったのは2人のみで，あとの4人ははずれであった。予想が当たった2人の組み合わせとして正しいものはどれか。

    A　「優勝者は，私かCのいずれかだろう。」
    B　「優勝者は，Aだろう。」
    C　「Eの予想は当たるだろう。」
    D　「優勝者は，Fだろう。」
    E　「優勝者は，私かFのいずれかだろう。」
    F　「Aの予想ははずれるだろう。」

    1 A，B　　　2 A，C　　　3 B，D　　　4 C，D　　　5 D，E

5 ある会合に参加した人30人について調査したところ，傘を持っている人，かばんを持っている人，筆記用具を持っている人の数はすべて1人以上29人以下であり，次の事実がわかった。
    ⅰ）傘を持っていない人で，かばんを持っていない人はいない。
    ⅱ）筆記用具を持っていない人で，かばんを持っている人はいない。
    このとき，確実に言えるのは次のどれか。
    1 かばんを持っていない人で，筆記用具を持っている人はいない。
    2 傘を持っている人で，かばんを持っている人はいない。
    3 筆記用具を持っている人で，傘を持っている人はいない。
    4 傘を持っていない人で，筆記用具を持っていない人はいない。
    5 かばんを持っている人で，傘を持っている人はいない。

6 次A，B，C，D，Eの5人が，順に赤，緑，白，黒，青の5つのカードを持っている。また赤，緑，白，黒，青の5つのボールがあり，各人がいずれか1つのボールを持っている。各自のカードの色とボールの色は必ずしも一致していない。持っているカードの色とボールの色の組み合わせについてア，イのことがわかっているとき，Aの持っているボールの色は何色か。ただし，以下でXとY2人の色の組み合わせが同じであるとは，「Xのカード，ボールの色が，それぞれYのボール，カードの色と一致」していることを意味する。

    ア　CとEがカードを交換すると，CとDの色の組み合わせだけが同じになる。
    イ　BとDがボールを交換すると，BとEの色の組み合わせだけが同じ

になる。

1　青　　2　緑　　3　黒　　4　赤　　5　白

○○○解答・解説○○○

1　3

解説　「O市とQ市の面積は等しく，Q市の面積はP市の2倍」ということから，仮にO市とQ市の面積を1km²，P市の面積を2km²と考える。

ア…P市の人口は270×2＝540人，Q市の人口は465×1＝465人で，2つの市を合わせた地域の面積は3km2なので，人口密度は，（540＋465）÷3＝335人になる。

イ…P市の人口は540人，Q市は465人なので，P市の方が多いので正しいといえる。

よって推論アは誤りだが，推論イは正しい。

よって正解は3である。

2　3

解説　まず，Bが取った残りの2枚のカードに書かれていた数の合計は，16－8＝8である。したがって2枚のカードはどちらも6以下である。ところが「5」はAが取ったカードにあるから除くと，「2」，「3」，「4」，「6」の4枚となるが，この中で2数の和が8になるのは，「2」と「6」しかない。

次にAが取った残りの2枚のカードに書かれていた数の合計は，15－5＝10である。したがって2枚のカードはどちらも8以下である。この中で，すでにA自身やBが取ったカードを除くと「3」，「4」，「7」の3枚となるが，この中で2数の和が10になるのは，「3」と「7」のみである。

以上のことから，Cの取った3枚のカードは，AとBが取った残りの「4」「9」「10」である。

3　4

解説　全員の体重が異なるのだから，1人ずつ比較するしかない。したがって一番重い人を見つけるには，8チームによるトーナメント試合数，すなわち8－1＝7（回）でよい。図

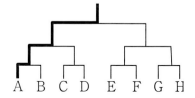

は8人をA〜Hとしてその方法を表したもので，Aが最も重かった場合である。次に2番目に重い人の選び出し方であるが，2番目に重い人の候補になるのは，図でAと比較してAより軽いと判断された3人である。すなわち最初に比較したBと，2回目に比較したC，Dのうちの重い方と，最後にAと比較したE〜Hの中で一番重い人の3人である。そしてこの3人の中で一番重い人を見つける方法は2回でよい。結局，少なくとも7＋2＝9（回）の重さ比べが必要であるといえる。

4 1
解説 下の表は，縦の欄に優勝したと仮定した人。横の欄に各人の予想が当たったか（○）はずれたか（×）を表したものである。

	A	B	C	D	E	F
A	○	○	×	×	×	×
B	×	×	×	×	×	○
C	○	×	×	×	×	○
D	×	×	×	×	×	○
E	×	×	○	×	×	○
F	×	×	○	○	○	○

「予想が当たったのは，2人のみ」という条件を満たすのは，Aが優勝したと仮定したときのAとBのみである。よって，1が正しい。

5 3
解説 ⅰ）ⅱ）より集合の包含関係は図のようになっている。

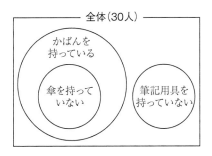

図より，傘を持っていない人の集合と，筆記用具を持っていない人の集

合の共通部分は空集合であり，選択肢1，2，3，5については必ずしも空集合とは限らない。

したがって，確実に言えるのは「傘を持っていない人で，筆記用具を持っていない人はいない」のみである。

<u>**6**</u> 5

解説 最初の状態は，

	A	B	C	D	E
カード	赤	緑	白	黒	青

まずアより，EとCがカードを交換した場合，CとDの色の組み合わせだけが同じになることから，ボールの色が次のように決まる。

	A	B	C	D	E
カード	赤	緑	青	黒	白
ボール			黒	青	

つまり，Cのボールが黒，Dのボールが青と決まる。

カード交換前のカードの色で表すと，

	A	B	C	D	E
カード	赤	緑	白	黒	青
ボール			黒	青	

さらにイより，BとDがボールを交換すると，BとEの色の組み合わせだけが同じになることから，Eのボールの色が緑ときまる。つまり，

	A	B	C	D	E
カード	赤	緑	白	黒	青
ボール			黒	青	緑

ここで，Bのボールの色が白だとすると，Dとボールを交換したときに，CとDが黒と白で同じ色の組み合わせになってしまう。したがって，Aのボールの色が白，Bのボールの色が赤といえる。

つまり，次のように決まる。

	A	B	C	D	E
カード	赤	緑	白	黒	青
ボール	白	赤	黒	青	緑

●情報提供のお願い●

就職活動研究会では，就職活動に関する情報を募集しています。

エントリーシートやグループディスカッション，面接，筆記試験の内容等について情報をお寄せください。ご応募はメールアドレス（edit@kyodo-s.jp）へお願いいたします。お送りくださいました方々には薄謝をさしあげます。

ご協力よろしくお願いいたします。

会社別就活ハンドブックシリーズ

三菱重工業の
就活ハンドブック

編　者　就職活動研究会

発　行　令和6年2月25日

発行者　小貫輝雄

発行所　協同出版株式会社

〒101-0054
東京都千代田区神田錦町2-5
電話　03-3295-1341
振替　東京00190-4-94061

印刷所　協同出版・POD工場

落丁・乱丁はお取り替えいたします

●2025年度版●
会社別就活ハンドブックシリーズ

【全111点】

運　輸

東日本旅客鉄道の就活ハンドブック	小田急電鉄の就活ハンドブック
東海旅客鉄道の就活ハンドブック	阪急阪神 HD の就活ハンドブック
西日本旅客鉄道の就活ハンドブック	商船三井の就活ハンドブック
東京地下鉄の就活ハンドブック	日本郵船の就活ハンドブック

機　械

三菱重工業の就活ハンドブック	浜松ホトニクスの就活ハンドブック
川崎重工業の就活ハンドブック	村田製作所の就活ハンドブック
IHI の就活ハンドブック	クボタの就活ハンドブック
島津製作所の就活ハンドブック	

金　融

三菱 UFJ 銀行の就活ハンドブック	野村證券の就活ハンドブック
三菱 UFJ 信託銀行の就活ハンドブック	りそなグループの就活ハンドブック
みずほ FG の就活ハンドブック	ふくおか FG の就活ハンドブック
三井住友銀行の就活ハンドブック	日本政策投資銀行の就活ハンドブック
三井住友信託銀行の就活ハンドブック	

建設・不動産

三菱地所の就活ハンドブック	鹿島建設の就活ハンドブック
三井不動産の就活ハンドブック	大成建設の就活ハンドブック
積水ハウスの就活ハンドブック	清水建設の就活ハンドブック
大和ハウス工業の就活ハンドブック	

資源・素材

旭旭化成グループの就活ハンドブック	関西電力の就活ハンドブック
東レの就活ハンドブック	日本製鉄の就活ハンドブック
ワコールの就活ハンドブック	中部電力の就活ハンドブック

九州電力の就活ハンドブック

自動車

トヨタ自動車の就活ハンドブック

デンソーの就活ハンドブック

本田技研工業の就活ハンドブック

日産自動車の就活ハンドブック

商　社

三菱商事の就活ハンドブック

伊藤忠商事の就活ハンドブック

住友商事の就活ハンドブック

双日の就活ハンドブック

丸紅の就活ハンドブック

豊田通商の就活ハンドブック

三井物産の就活ハンドブック

情報通信・IT

NTT データの就活ハンドブック

サイバーエージェントの就活ハンドブック

NTT ドコモの就活ハンドブック

LINE ヤフーの就活ハンドブック

野村総合研究所の就活ハンドブック

SCSK の就活ハンドブック

日本電信電話の就活ハンドブック

富士ソフトの就活ハンドブック

KDDI の就活ハンドブック

日本オラクルの就活ハンドブック

ソフトバンクの就活ハンドブック

GMO インターネットグループ

楽天の就活ハンドブック

オービックの就活ハンドブック

mixi の就活ハンドブック

DTS の就活ハンドブック

グリーの就活ハンドブック

TIS の就活ハンドブック

食品・飲料

サントリー HD の就活ハンドブック

日本たばこ産業 の就活ハンドブック

味の素の就活ハンドブック

日清食品グループの就活ハンドブック

キリン HD の就活ハンドブック

山崎製パンの就活ハンドブック

アサヒグループ HD の就活ハンドブック

キユーピーの就活ハンドブック

生活用品

資生堂の就活ハンドブック

武田薬品工業の就活ハンドブック

花王の就活ハンドブック

電気機器

三菱電機の就活ハンドブック

ダイキン工業の就活ハンドブック

ソニーの就活ハンドブック

日立製作所の就活ハンドブック

ＮＥＣの就活ハンドブック

富士フイルム HD の就活ハンドブック

パナソニックの就活ハンドブック

富士通の就活ハンドブック

キヤノンの就活ハンドブック

京セラの就活ハンドブック

オムロンの就活ハンドブック

キーエンスの就活ハンドブック

保　険

東京海上日動火災保険の就活ハンドブック

第一生命ホールディングスの就活ハンドブック

三井住友海上火災保険の就活ハンドブック

損保ジャパンの就活ハンドブック

メディア

日本印刷の就活ハンドブック

博報堂 DY の就活ハンドブック

TOPPAN ホールディングスの就活ハンドブック

エイベックスの就活ハンドブック

東宝の就活ハンドブック

流通・小売

ニトリ HD の就活ハンドブック

イオンの就活ハンドブック

ZOZO の就活ハンドブック

エンタメ・レジャー

オリエンタルランドの就活ハンドブック

アシックスの就活ハンドブック

バンダイナムコ HD の就活ハンドブック

コナミグループの就活ハンドブック

スクウェア・エニックス HD の就活ハンドブック

任天堂の就活ハンドブック

カプコンの就活ハンドブック

セガサミー HD の就活ハンドブック

タカラトミーの就活ハンドブック

▼会社別就活ハンドブックシリーズにつきましては，協同出版
のホームページからもご注文ができます。詳細は下記のサイ
トでご確認下さい。

https://kyodo-s.jp/examination_company